JN280923

柘榴の園

zakuro-no-sono

A GARDEN OF POMEGRANATES

ISRAEL REGALDIE

イスラエル・リガルディー

片山章久訳

国書刊行会

柘榴の園　目次

王子達の司祭
アンク＝アフ＝ナ＝コンス　へ
私は感謝とともに本書を捧げる

もし私が再び生命を得ることがあるならば、まず私がしたいことは、
私の思想を伝えるためのまったく新しい象徴体系をつくることだ。

ヨハン・ゴッドリーブ・フィヒテ

序文

『パルディス・リモニム』と題される書物が、雅歌中の一節「なんじの園に生まれいづる者は柘榴」に基づいて十六世紀、ラビ・モーゼズ・コルドヴェロによって書かれることとなった。権威者によっては、この哲学者こそ精神的メノーラ即ちカバラにおける『光輝《ゾハール》』以後の日々にあって最も偉大な輝きであると見なしている。カバラとは即ちその稀にみる恩寵と「至高なる光」の光明の豊穣さによって、ユダヤ人と、ユダヤ人同様にディアスポラの直接的、間接的隣人達の文学と宗教哲学とを照らすものである。パルディス・リモニムとは「柘榴の園」の謂であり、これを拙稿の表題としたが、コルドヴェロの書とは内容的にも歴史的にもほとんど関連がないと告白せねばなるまい。「聖なるカバラ」のもたらす純粋なる霊的告知の黄金の収穫の裡に、私は真の魂の庭園が築かれることを心より信じている。この計り知れない偉大さと高潔なる意義を持つ庭園の中で、誰もが、あらゆる種類の魅惑的な果実と美しく優美な花を見出すのである。つけ加えるならば、柘榴はこれまですべての世の神秘家達に深遠な象徴として好まれてきている。また、『壮麗の書』という書物において、庭園もしくは果樹園が豪奢で崇高な味を持つ精神的印象のほとんど尽きる事の無い宝庫を産み出している。

本書は、以下に記す現代作家の文章に述べられている希望を持ちつつ進みたい。

「ほとんどの人が心のうちに秘密の庭園を持っている。というのも、この庭だけが、平穏や支えや満足できる解答が人生に見出せない時に安息を与えてくれるからだ。そのような聖域に達するには、確かな哲学や信仰、最愛の作家や心をわかちあえる友人による指導、音楽や美術の殿堂を手段とすること、または広大な知識の王国で真実を模索することが必要である。その聖域は必ずといっていいほど真実と美とを内在し、また海にも陸にも見られぬ光で輝いているのである」

クレア・カメロン

『英国の緑野』

自分自身の聖域を持ち得ない不幸な人も中にはいるかもしれぬが、私は本書において、自分に伝えられることとなったこの丹精された柘榴の園を謹んでささげることにしよう。この園の中で二、三の新芽、類いない花の一、二本、また熟れた果実が得られんことを私は望んでいる。それらのものこそが、心の裡の秘密の庭園、即ちその庭園がなければ平穏も喜びも幸福も得られない庭園を創りあげる核、また必要な資本となるのである。

カバラ研究における先駆者達への謝意をここに述べておこう。私は拙著がカバラ研究のためのテキストとなるべく努めてみた。また、その点から考えて、論争や不要な議論に触れることには慎重を期したつもりである。

私がH・P・ブラヴァツキー夫人の著作に負うたところは多大なものであり、拙著で概要を述べた原理を正確に理解することによって、夫人による『シークレット・ドクトリン』の様々な微妙な点や哲学的重要性が明らかになるであろうこと、また夫人のこの不朽の作品を理解するための一助となるだろうことをここに主張したとしてもあながちうぬぼればかりではないと自負している。同様なことは、S・L・マグレガー・メイザースによる『光輝《ゾハール》』の部分訳

『ヴェールを脱いだカバラ』、アーサー・E・ウェイトによる『光輝《ゾハール》』の素晴しい要約『イスラエルの秘密教義』についてもいえるのである。この両著の大部分は、私がこの小著にもりこもうとしている専門的なある程度の知識を持たぬ、たいていの学徒にとっては閉ざされた書なのだ。

また、私はここに著者不明の一冊の小冊子、『叡智の三十二の小径』について注意を喚起したい。この本については、W・ウィン・ウェストコット、アーサー・E・ウェイト、そしてナット・ステンリングによる素晴しい翻訳がなされている。この小冊子を『創造の書《セフェル・イェツィラー》』の純粋なミシュナよりも後の時代に位置づける識者もいるのだが、最近では、『創造の書』の主題と合致し、また関連があるものであると見られるようになっている。「径」の名称はこの小冊子からとっているのであるが、無用な混乱を避けるために出典はすべて『創造の書』と記した。この点については不幸な非難が起らぬように願っている。

「魔術」(〈Magick〉アレイスター・クロウリーが復活させた古いスペリング)についての問題はこの本の最後の章とわずかながら関連しており、ある原理なり、ヘブライ文字のいくつかに関しての解釈は、魔術処法に非常に近いものであることをここに述べておくべきであろう。私は実践的カバラについてのより深い考察は差し控えたが、例えばテトラグラマトンについての説明から価値ある幾つかのヒントが見出せるであろうし、それは取るに足らないなどとはとても言えぬ助けとなるだろう。先に述べたように、この本はもとより哲学的分類における新しい体系と解されるべきカバラの初歩的テキストとなるべく記されたものである。一見、「到達」のための手段について、より実際的に書くことを拒んでいると見えるやも知れぬ箇所については、これを理由としてお許しいただくしかない。

イスラエル・リガルディー

第一章　歴史的考察

カバラとは、生命の起源と本質、そして人間と宇宙の進化の恐るべき問題を詳細に語る古代の知識の本体である。「カバラ」という言葉は「受ける」という意味のヘブライ語 קבל（QBL）からきている。伝説によると、この哲学こそ、原罪による人類の堕落からのち、神の命を人類に伝える選ばれたる高位の天使たちに——彼らは実際には肉体を持っていた——デミウルゴスによって伝えられた知識の最初のものだという。カバラはまたコクマー・ニストラ、「秘められた知恵」とも呼ばれ、それは師から弟子へと秘儀参入に際して口伝によって継がれてきたからである。この原理のどの部分も、後に述べる実際的な研究方法による厳密かつ詳細な研究と調査の対象となるまで信ずべきものであるとは受けとられなかった歴史がある。

より歴史的見地に立てば、カバラとは、ヘブライ教典の秘められた解釈に関するユダヤ人の神秘的な教えなのである。それは、哲学、もしくはセオス・ソフィアが本来意味したものである神智学の体系であり、ユダヤ人のように賢く明解な考え方をする民族にすら何世紀ものあいだ精神的発展に影響を与えてきただけでなく、多くの著名な神学、哲学の思索者、特に十六、七世紀の人々の注目を集めてきたものなのである。そのようなカバラの原理の研究に身を捧げた人々のなかには、スコラ哲学の形而上学者であり錬金術者であったレイモンド・ルリー、ヨーロッパにおいて東洋哲学の復権をなしたジョン・ロイヒリン、医師であり水素を発見した化学者でもあるジョン・バプティスト・フォン・ヘルモン、破門されたユダヤ人の哲学者、「神に酔える人」バルヒ・スピノザ、有名なケンブリッジのプラトン学者ヘンリー・モア博士がいる。これらはカバラのイデオロギーに惹かれた多くの人々のうちからごく少数の人名をあげたにすぎないが、彼らは生命の真の意味をあらわにし、万物をつなぐ真実の隠れた絆を示してくれる世界観を絶えず捜し求めてきた後に、カバラの心理学的、哲学的体系によって、少なくとも部分的には彼らの切望を満足させるものを見出したのである。

今日、しばしば、ユダヤ教と神秘主義は思想の両極にあり、したがってユダヤ神秘主義は、いわばまぎれもない自己撞着であるとみなされている。この間違いに基づく推測は、聖パウロの思想的に転向した知性（そして、より低い程度においては、マイモニデスのすべてを形式的なアリストテレス的原理に一致させようとする合理主義的努力）から始まる戒律と信心の対立、さらにユダヤ教を救いようのない律法主義宗教だと決めつけることから起こっている。

この混乱はまた、地下の世界での永遠の虐待と呪いの苦悶から無知なヘブライの同胞を救うことを望むがあまり、キリスト教に対してユダヤ教の後継者が背教者となるべくカバラの書の著者達が望んでいたとみせたいために、原典だけでなく、過激な分派の解釈までを混同し、みだりに変更してしまった、中世の神学者の努力の結果でもある。

伝承、もしくは文字となったカバラ――『創造の書《イエジラ》』、『ベス・エロヒム』、『パルディス・リモニム』、そして『光《ゾ》輝《ハール》の書』に含まれているもの――は、ほとんど理解できないものであるか、通常の「論理的」な人間にとっては一見無意味なものである。だが、カバラは概要として人類の思想の最も貴重な宝石、即ち、名称（*Names*）と数字（*Numbers*）と象徴（*Symbols*）、そして「生命の樹」と呼ばれる概念（*Ideas*）を含んでいる。最も貴重と呼ばれるのは、これが宇宙の諸現象を分類し、それらの関連を記録するためにはこれまでに見出されたなかで最も便利な体系であることが判っているからで、その証左としては、この「生命の樹」の国を受け入れた後に広がる分析的、総合的な

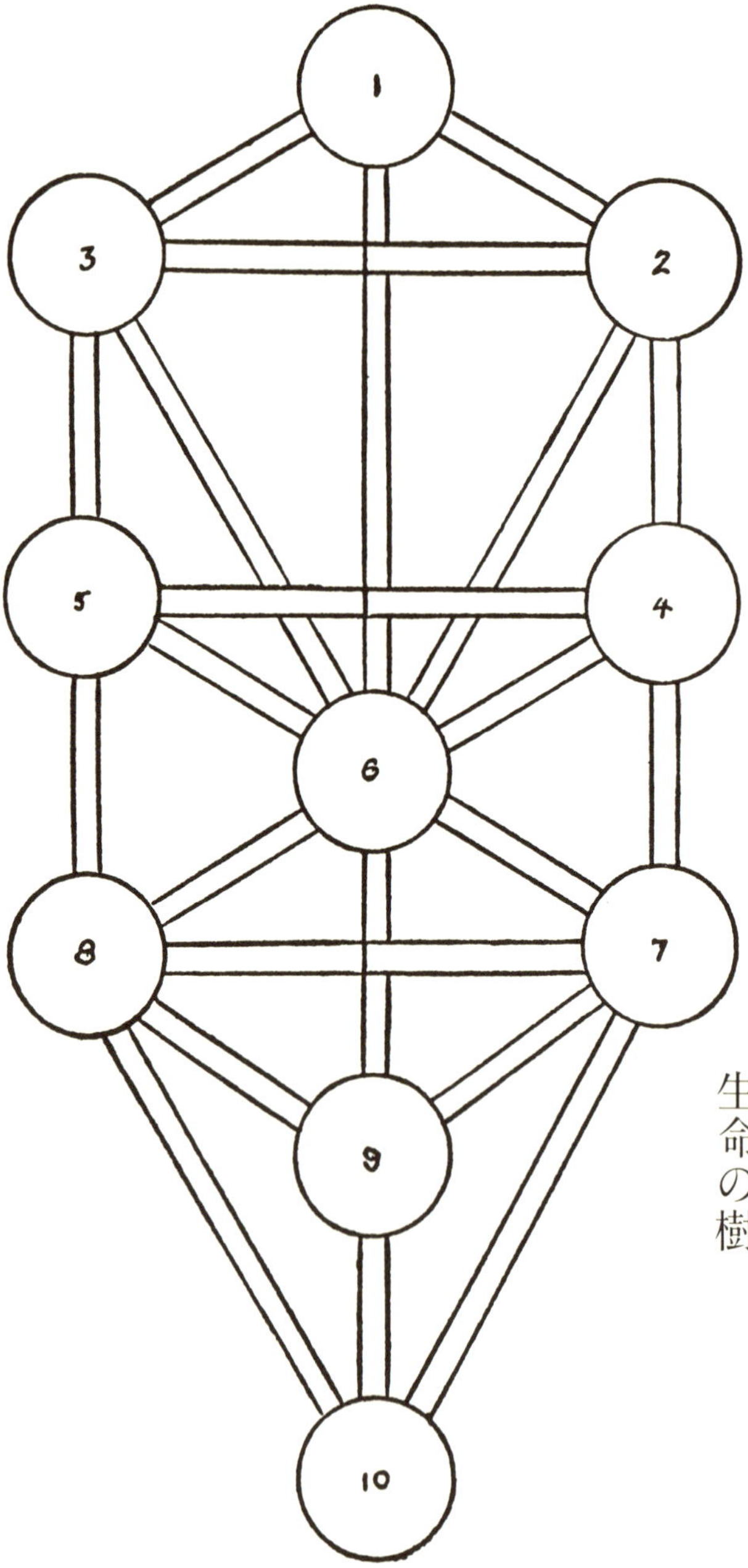

生命の樹

思索の無限の可能性がある。

カバラの歴史は、初期の公教の教典に関する限り曖昧で漠然としている。学問的研究では、『創造の書《イエジラ》』（おそらくは、ラビ・アキバの作）と『光輝の書《ゾハール》』（ラビ・シメオン・ベン・ヨカイの作）の主な原文は、前者では現在からおよそ八世紀前まで、後者では紀元後三、四世紀に遡ることが明らかにされている。歴史家によっては、カバラはピタゴラス学派、グノーシス主義派、新プラトン主義派などに由来すると主張するが、特に最後の見地はクリスチャン・D・ギンズバーグ氏の意見である。

ユダヤの偉大な歴史家グレーツもまた、ユダヤ神秘主義は病的で、最近になって発展し、イスラエルの宗教的天才には異質のものであって、源は十一世紀から十二世紀にかけて、スペインにおいて〈盲人のイサック〉なる人物の思想がもとになったという歴史にそぐわぬ見地を示している。グレーツはカバラ、特に『光輝《ゾハール》』を、「新しいものであるにもかかわらず、純粋なイスラエルの教えと自称する誤った教理」と見なしている。（『ユダヤ民族史』第六巻五六五ページ）

この所説は所詮まったく根拠のないものであり、というのも、旧約聖書、タルムード、そして他の我々に伝えられてきたラビの記録を充分に精読すれば、そこにカバラにおける初期の不朽の原理が見出せるからである。明白なカバラの教理がそこに明示されているのではなく、分析することによって暗黙のうちに了解されていることが明らかとなるのであり、重要なラビの幾人かによる多くの謎のような言葉は彼らが心から愛し、敬い、そして彼らの教えすべてに影響した神秘哲学と密接な関わりがなければ何の意味もなさないのである。

『創造の書《イエジラ》』による文字と数字の起源」というすばらしいエッセイのなかで、フィニアス・モーデル氏は、ピタゴラス学派数理哲学（古代のすべての哲学大系のなかでも最高のエニグマ）は『創造の書』のものと同一のものであり、その哲学は明らかにヘブライ預言学派から派生したものであると論じている。モーデルは最後に、『創造の書』は正真正銘のフィロラウス、即ちピタゴラス学派哲学を最初に出版した者の断章を説明するものであり、フィロラウスは、『創造の書』を書き記したヨセフ・ベン・ユジエルと非常に興味深い諸点において合致するのではないか、と思い切った意見を述べている。後者の説が正しいとするなら、『創造の書』はタルムード以前の起源――おそらくは西暦以前のものと主張できよう。

『光輝《ゾハール》』は実際にラビ・シメオン・ベン・ヨカイの作であるとしても、決してその時代に書き記されたものではなく、口承によって「聖なる集い」の構成員に伝えられたものであり、十三世紀になって初めてラビ・モーゼズ・デ・レオンによって書きつけられたのである。ブラヴァツキー夫人は、現在我々が手にする『光輝《ゾハール》』は十三世紀以前のユダヤ人ラビやキリスト教聖職者によってかなりの程度までいい加減に改変されたものをモーゼズ・デ・レオンが改作し、再編集したものであるという大胆な仮説をとなえている。ギンズバーグは、彼の『カバラ』のなかで、なぜ『光輝』が十三世紀に書かれなければならなかったかについていくつかの理由をあげている。彼の論証は様々な点で興味深いものであるが、これまでずっと口承がおこなわれてきたことを考慮に入れていない。アイザック・マイヤーは、彼のいくつもの点で権威的な『カバラ』という大著で、ギンズバーグやその他の人々による以前からの問題点を非常に注意深く分析しており、彼が与えた解答によって、『光輝《ゾハール》』が十三世紀起源のものだという説は順次論破されていることを認めざるを得ない。ケンブリッジでラビとタルムードの文学の講師をかつてしていたS・M・シラー＝シネジー博士は、「この本の核となる部分はミシュナの時代のものである。ラビ・ヨハナンがパレスチナ・タルムードの著者であったのと同様の意味において、ラビ・シメオン・ベン・ヨカイは『光輝《ゾハール》』の著者といえる。即ち、この本を造り上げるための最初の刺戟を彼が与えたのである」といっている。そして、アーサー・エドワード・ウェイト氏は彼の学術的かつ古典的な作品、『聖なるカバラ』のなかでこの「壮麗の書」の起源と歴史に関わるほとんどの論説を検討し、中庸をとりつつ、この書物の多くの部分は確かにベン・レオンの時代に属するものである一方、それでもやはり、より多くの部分は古代のしるしを拭いがたいと信じるがために、前の観点に傾いていることを私は見出した。『光輝《ゾハール》』は、その神秘的教理が他の地における他の種族のものと細部までも共通する、いやむしろ、等しいがゆえに、シメオン・ベン・ヨカイもしくは彼に近しい同僚や弟子によって二世紀に創作されたのではあるが、十三世紀のモーゼズ・ド・レオンに至るまで書き記されなかったのに違いない。

この仮説に近しいものは、アベルソン教授の『ユダヤ神秘主義』と題されるすばらしい作品に見出される。「中世カバラ（そのうちでも『光輝《ゾハール》』は異彩をはなつ代表的存在である）すべてを外地から突然奇妙な具合に入ってきたものと、私達に思わせようとするユダヤ人神学者達の間違った意見に従わぬよう、私達は用心しなければならない。カバラとは、実際はタルムードとミドラシュの思想の古くからの流れであり、その流れが多くの地を通るにつれて必然的に拾いあげていく異質な要素が混合されたものである——要素が混ぜあわされることが、様々な点において、その流れ本来の色、性質を変化させたに違いない」

それはともかく、議論の不毛な点については無視するとしても、『光輝《ゾハール》』がカバラの発展のうちでもっとも画期的なものであることは衆目の一致するところであり、今日の我々は、カバラの歴史を『光輝《ゾハール》』以前、及び以後と二つの主要な区切りをつけることができる。聖書時代に、サムエルや、エッセネ派の人々、フィロンのような大変熟達し、また非常に深遠な知識を持ったユダヤの預言者や神秘的学派が存在したことは否定できない一方、我々にある正確な公開記録では、最初のカバラ学派はスペインのジェローナ学派（紀元後十二世紀）として知られており、その名は、創立者〈盲人のイサック〉や多くの彼の弟子達がその地で生まれたことに由来している。この創立者については事実上何も知られていない。彼の弟子の二人に、ラビ・アザリエルとラビ・エズラがいる。ラビ・アザリエルは、『十のセフィロトに関する注釈』と題されたカバラ哲学のもっとも明解な解説であり、権威的な著作として知られる古典哲学の書の著作者である。彼らの後を継いだのが一一九五年に生まれたナヒマニデスであり、彼こそスペインやヨーロッパ全土で、その時代にこの難解な体系へ注意を集めることとなった本当の原因である。彼の業績は、第六章で語られる数字、文字、言葉の変換のための三つの方法に主に関わっている。

この哲学は十二世紀においてR・アイザック・ナシルとヤコブ・ベン・シェシェトの手によってさらに綿密な仕上げを受け、注解を加えられた。後者は無限 Infinit（エン・ソフ）、転生 Reincarnation（ギルゴリム）の原理、また神の応報 Devine Retribution（サド・ハ・ギモル）もしくはむしろ東洋、そしてある特定のキリスト論固有の言葉を使えばカルマの原理について、韻をふんだ散文と一連の八つのエッセイをあらわした。

次にそれを継いだのはセゴヴィア学派とその門下であり、そのなかには、カスティーリャ王サンチョ四世の宮廷においてもっとも有名な財務官であったトドラス・アビュラフィアがいる。この学派特有の傾向は解釈方法への傾倒である。その門下生達は、聖書とハガダーをカバラの原理に従って解釈することに努めたのである。

現代の学派は排他的なその哲学的見地から、当時のユダヤ教は「聖地への正しい方向」を見せておらず、数理的方法によって彼らの様々な定理を例証することによって哲学とカバラを結合させようと努めている、と信じている。

一二四〇年頃にアブラハム・アビュラフィアが生まれ、彼はあまねく知られる人物となった――しかし、この神智学の名に非常な悪評をも呼ぶことになる。彼は当時入手することのできたわずかなカバラに関する書物と同様、文献学、医学、哲学を修めた。彼はすぐにピタゴラス学派数理哲学が『創造の書』に記されているものと同一であることを理解し、後になって学術的研究にあきたらず、カバラの קבלה מעשית 即ち実践的カバラ、つまり今日我々が魔術と呼ぶ方面へと傾倒していった。不幸にもその当時の大衆は、現在あるような発達し特殊化した技術に慣らされておらず、彼らの目にはカバリストは『聖霊の学舎』に由来すると映っていた。結局、アビュフィアはその後に行った数数の実験に惑わされることとなり、ローマへと（こともあろうに）教皇をユダヤ教に改宗させようと旅をする。彼の努力がどれほどの成功を修めたかは読者の判断を仰ごう。

　後に、彼はみずからを長く待ち望まれた救世主と熱心に呼称し、至福千年を予言したが、それはついに実現しなかった。概観すれば、彼のもたらしたものは有害なものであった。彼の弟子ヨセフ・ギカティラは師の弁護のために、アビュラフィアによってなされたいくつかの釈義の見地に関する多くの論文を書いている。

『光輝《ゾハール》』が次の大きな発展である。この書は、これまでの学派の教理の異なった側面を結合し、併合し、統合したものであって、世に出てからは、神、発散（*Emanation*）の原理、宇宙の進化、魂とその輪廻、そして魂の最後のすべての源（*Source of All*）への帰還についての考察によって、神学、哲学の両界に深い衝撃をもたらした。この伝説、哲学、史上の秘話《アネクドート》の宝庫の出現によってもたらされたカバラの新時代は直接現代にまで続いているのである。さらに、カバラの教理を受け入れた作家は『光輝《ゾハール》』を第一のテキストとし、その解説者はまた、倦むことなく注釈書や要約や翻訳にみずからを捧げてきた――が、ほんの少数の例外を除いてはカバラの「生命の樹」に潜む本当の可能性を見失ってしまったのである。

『光輝《ゾハール》』は著名なスコラ哲学の形而上学者であり、実験化学者であるレイモンド・ルリーに強い感銘を与え、彼は聖なる科学であり、人間の魂への純粋な光の天啓であるとみなしたカバラのもっとも高貴な概念を示そうというアイデアによってそれを『アルス・マグナ（大いなる業）』に発展させることとなった。彼は数少ない、この『光輝《ゾハール》』の研究に魅了された人であり、象徴の固有のタイプの用法を見抜き、運用可能な魔術的、哲学的なアルファベットを築こうと努力したが、その解説は後の章で試みよう。

アブラハム・イブン・ワカール、ピコ・デラ・ミランドラ、ロイヒリン、モーゼス・コルドヴェロ、アイザック・ルーリアは十七世紀までの数少ない思索者たちであり、彼らの考察はカバラ研究の進歩に様々な影響を与えてきた。アブラハム・イブン・ワカール（アリストテレス学徒）は、彼の時代のアカデミックな哲学とカバラを融和させようとすぐれた試みを行い、カバラの素晴しい大要である論文を書いた。

ミランドラとロイヒリンは、ユダヤ人をキリスト教に改宗させようという秘められた動機を持ってカバラを研究したキリスト教徒であった。ユダヤ人のなかにはめちゃくちゃにされた教典や、歪められた解釈のおかげで間違った方向へと導かれ、ひどく途方にくれたあげく、ユダヤ教を捨てさるものもあったのだ。皇帝マキシミリアン一世の侍医パウル・リッシ、『創造の書』のラテン語への翻訳者ジョン・ステフェン・リテンガル、そして時代を下ってヤコブ・フランクと彼の教団は、『光輝《ゾハール》』はナザレの人イエス・キリストの教理を秘めまた示すものであると論争で主張されて、キリスト教に改宗した。それらの論証は、当然、主張する者に軽蔑をもたらすだけのものであり、引用する者もそれを受け入れる者も今日良くいわれてはいない。

コルドヴェロは若くしてカバラの師となり、彼の主要な仕事は哲学的なものであって、魔術的、もしくは実践的な側面とはほとんど関わりがないものであった。

ルーリアはコルドヴェロのものとはまさに正反対の学派を築いた。彼自身は、タルムードとラビのどちらの学問にも熱心であり、才能もあったが、研究生活をするだけの余生にあきたらなく思ったのであった。そこで彼はナイル川のほとりに引きこもり、その地でもっぱら瞑想と修行に身を捧げ、驚くべき性質の幻想を得た。彼は転生(*ha Gilgolim*)の理論についての彼の観念の概要を述べる書物を書いた。彼の弟子、ラビ・カイム・ヴィタルは師の口述に基づく『生命の樹』という大冊を書き、それはカバラの研究と実践に非常に大きな刺戟となった。『光輝《ゾハール》』以後の歴史には、様々な程度の重要性を持つ何人ものカバリストが存在する。ロシア、リトアニアは、それらの多くの人々の避難所となった。そういった人々は、現代のこの小論があつからこの哲学の特有の部分について公然と詳説してはいない。ラビ・イスラエル・バアル・シェム・トフによって一八世紀前半にポーランドのユダヤ人のあいだで始まった精神復興運動については、ここで少し述べておく重要性がある。というのも、ハシディズムと呼ばれたこの運動は、カルパチア山脈の大いなる野外の自然と触れあうことから生まれたのではあるが、その第一の学問上の起源と重要な影響のもとはカバラを構成する書物にあるからである。ハシディズムは『光輝《ゾハール》』の教理をこれまでどんなラビをも成し得なかった方法で「アム・ハーアレッツ Am ha-aretz」に与え、それはさらに、実践的カバラに同時に大きな影響を与えたようである。というのも、ポーランド、ガリシア、そしてロシアの一部は「ツアディキム Tsadikim」即ち魔術師と呼ばれた放浪ラビやタルムード学者の活動の場であったのであり、彼らはその生涯と能力を実践的カバラに捧げた者たちであったのだ。しかし、比較神話学に関わるすべての研究や宗教論争に与えるその刺戟をもって、哲学、宗教、科学的概念や象徴を一貫性のある統一体に組み合わせようとする試みは、前世紀に至って初めて見出されることとなる。

驚くべき明解さを持つローマ・カトリック教会の助祭エリファス・レヴィ・ザヘドは、一八五二年に『高等魔術の教理と祭儀』というすばらしい書物を出版したが、その中には見誤りようのないカバラの根本原理の理解のしるしがはっきり見出される——それは哲学的な比較対照と統合のための有効な体系を築くのに適した枠組としての十のセフィロトとヘブライ語のアルファベットの二十二文字である。彼がこの作品を出版したのは、彼の属していた〈秘教学派〉によってすべてのオカルトに関わる情報が、様々な理由によって厳禁されていた時であったという。その後すぐに出版された姉妹編『魔術の歴史』があるが、これは間違いなく、彼に向けられた非難からみずからを守ろうとするもので、用心していない研究者は困惑することとなる――そのなかで、彼は前に出した結論や理論を否定しているからだ。

十九世紀後半におけるこの完璧な学問の献身的な解説者達こそ、中世においてこの敬うべき秘密の哲学への神学的な増殖と病的な迷信の堆積をまぬがれた、現在の根源的かつ論理的なカバラの原理の復興に貢献した人々である。『創造の書』を英語に訳し、『カバラ入門』を書いたW・ウィン・ウェストコット、『光輝《ゾハール》』の一部と『術士アブラメリンの聖なる魔術の書』を訳したS・L・マグレガー・メイザース、東洋の密教的哲学を西洋の学徒にもたらした豪胆な女性ブラヴァツキー夫人、様々なカバラについて現在入手し得る解説的な概略を書いたアーサー・エドワード・ウェイト、『777』と『セフィロトの書』の詩人アレイスター・クロウリーなどの人物の他、私が劣らずおかげをこうむっている多くのすばらしい書物がある――これらすべてが、哲学文字を築くために役立った重要な情報の宝庫であった。

第二章　ピット

カバラの哲学とは本質的に秘伝のものである。しかしなお、秘伝のものと世俗のものの研究の、実際の手法は同一のものである。即ち、何度も繰り返す絶えまざる実験、偶然や誤ちをなくすための努力、調査の方程式の定数と変数を確かめる努力である。一つの大きな違いは、互いに異なった調査領域を占めようとすることにある。

形式的なアカデミックな哲学は知性を重要視し、そのため、所詮は付随的な事柄の研究に関わっていく——仮に我我が哲学を生命と宇宙の問題を研究するための最高の手段とするならば。カバラがまず主張することは、知性はそれ自体、自己矛盾の法則に律され、それゆえに真実の探求のために用うるには信頼のおけない手段であるということだ。何人かのアカデミックな哲学者も同様の結論に至ることとなった。そのうちでも特に優れた人のなかには、絶えずこの限界を超えるのに適した方法を工夫するのに絶望して懐疑論者になった人もいる。そうでない人達は、結論に単純にとびつき、直観、もしくはより正確にいって、直観の知的概念を把握することにはなったが、結局、その直観を確かめる術を我々に与えず、それゆえ、それは個人的性癖ととんでもない望むがゆえの幻想に彩られた単なる当て推量になりさがりがちであった。

伝統的な秘伝のカバラの二つの主な方法とは、瞑想（ヨーガ）と実践的カバラ（魔術）である。

絶対的かつ完全な思考の本質「ルアク」のコントロールを第一の目的とする、精神と自己の鍛練に厳しい体系的方法がヨーガである。思考の流れを自由自在に静める能力を得るための究極の客観的存在——精神の背後や精神の及ばぬところ、精神を超越したところにある存在が、そのようにして得られた静止状態を超えて明らかになるために。精神の混乱を静止することこそがまず絶対に必要なことなのである。この能力が意のままになって初めて、学徒は魔術の様々な技術的方法によって、精神が通常の限界や精神の本質が持つ障害を越えるまでに精神を高めることを教えられ、「普遍意識」のなかで巨大な、鎮めることのできない炎のような歓喜の柱を登っていく。そうして「普遍意識」と一体となるのだ。一度超越的存在と共にあれば、直観的に普遍的な知識を受け入れることとなり、その知識とは、知性の論理的内省や、物質の科学実験による調査が与えることのできるものなどよりも信頼できる情報源なのである。それは、いわゆる実際的、もしくは合理的な思考の次元にしかあらわれない混乱したシンボルを追って暗闇のなかを手探りで進む、などということでなく、生命の源そのもの、存在の源泉の扉を叩くことなのだ。

世俗の科学や実証哲学は、我々の五官に捉え得る物質や宇宙を研究することにかまけてきた。そして、諸現象の研究によって、我々は世界の真実の姿、物質のあるがままの姿に触れることができる、と断言している。理解とは、物質で構成された我々の頭脳の中のある特定の部分でおこる、特定の生物学的、化学的な一連の変化であり、我々が見ることのできる物質を調査することによって、我々はその原因と、真の姿とを理解することになる、と主張するのがそのような体系的方法なのである。

それと正反対の観念論学派の哲学が主張するのは、自然法則を研究することは、自らの精神の法則を研究するだけにすぎないというものであり、それは即ち、純粋に観念論的概念の他にも物質、運動、重量のような概念であっても、結局我々はそれらにほとんど意味を与えていないことを論証するのは簡単なことであるし、またそれらは、我々の思考の単なる位相にすぎない、とするものだ。

カバリストや、様々な神秘学派のすべては、一般に、さらに絶対的な観点から論を起こし、すべての論争は純粋に言葉の上のものにすぎない、と論ずる。というのも、そのような存在論の主張は、ちょっとした論理の上の精巧さをもてば一つのものから別のものへと変形することができるからだ。現代哲学の領域におけるこの所見の結果として、実際、どうしようもない行き詰まりと思われるものが存在している。カバリストは、「理性」はその本質が自己矛盾であるがために「真実の探求」には不適当な武器であると主張する。ヒュームやカントはこれを見抜いていた——が、一人はもっと広い意味においての懐疑論者となり、もう一人については、結論は冗漫な先験的哲学の中に埋没してしまった。スペンサーもまたそれを見抜いてはいたのだが、それを言いつくろい、彼の重苦しい博識のなかに隠そうとするのである。カバラは、その急所を示すカバラのもっとも熱狂的な支持者の言葉によって議論を終らせている。「理性もまた虚偽である。というのも、測り知れない未知の要因がそこにあるからだ。彼らの論争は、すべて歪んだ方向にむかっている」。『宇宙』は理性によって説明することはできない。その本質は明らかに不合理なものだからである。「その純粋に論理的形態においての我々の思考は、生命の真の本質を示すことができない」のであり、知能は、「生命を理解することの生得の無能力」によって特徴づけられている、とアンリ・ベルグソン教授は述べている。そして、アーサー・E・エディントン教授もまたこう述べている。「世界の理論にある究極の要素とは、精神に理解できる言葉では定義することのできない性質のものであるに違いない」

現代科学のもつ見解の優れた表現者とみなされている、ジュリアン・ハックスレーのより最近の意見が『あえて私は何を思うか』に見出される。

「宇宙が完璧である理由は何もない。そしてもちろん、宇宙が合理的でなければならない理由も何もない」

知性の持つパラドックスのひとつは、我々の知性は純粋に現象面だけのものにすぎず、そしてなお、その知識はうわべだけのものにすぎない、というものだ。例をあげれば、aはaである、という判断は無意味な同語反復にすぎない。意味あるものであろうとするには、我々の思考は対象物自体の単なる同一性の認識を超えねばならないが、対象物と何も共有しないものにまで飛躍してはならない。従って、aはbに等しい、とした時、この判断は誤りであって、それはaをbと変えたが、bはaと何も共有しないからである。

しかしながら、この未知のaの定義は、aはbに等しい、もしくは、aはcdに等しい、ということによってしか成立しない。前者では、bの概念は実質的にaに包含される。従って我々は何も知り得ず、もしそうでない場合は、この声明は誤りとなる。単純に未知の物をもう一つの別の言葉で定義しても得られるものは何もないのである。後者の例では、cとdはそれぞれ、ef、ghのような定義が必要となる。この過程は拡大していく。が、結局、最後にはアルファベットが使い尽され、yはzaに等しい、というものに終ることとなる。手短かに言えば、aはaに等しい、という所から進むことはできないのだ。こうして一連の式の関連は明らかとなり、必然的に導かれる結論は、ある程度まで「直観」によって理解可能であるけれども、それぞれどの項も「物それ自体」であり、未知のものである、というものである。

これについては幾つかの証拠があるが、そのもっとも単純なものは次に述べるものであって、もっとも明白な声明でさえ分析に耐えないことを示すものである。単純な質問、「朱色《バーミリオン》とは何か?」がある。「朱色《バーミリオン》は赤《レッド》である」という答えは疑いもなく明白なものではあるが、それでもなお無意味なものである。というのは、それぞれ「朱《バーミリオン》」と「赤《レッド》」の二語は、それぞれに、つまり別に二つの、同義の言葉によって定義されなければならないからだ。また別の簡単な質問、「なぜ砂糖は甘いのか?」も、非常に多くの、高度に複雑な化学的研究が必要なものであり、そのどれもが結局未知の最たるものへと行き着くものなのである——物質とは何か?——知覚する心とは何であるのか?

お望みなら、もっと続けてもよろしい。「月とは何なのか？」と尋ねてみるとする。科学が（冗談でいえば）「でき《グリ》たての《ーン・チ》チーズ《ーズ》！」だと答える。ただ一つでしかない月に対して、二つの全く異なる概念が与えられ、単純さは消え失せ、暗黒のなかに薄れていく。緑色とチーズ！　ひとつは太陽の光、視覚神経と視覚器官、その他無数の事物に依存するもので、またもう一つも、微生物、発酵作用、牛の特質に依存しているものだ。そうやって我々は些細な事を詮議し、言葉の上のごまかしを続けていく――細かいことと言葉をごまかし、詮議するだけで――究極の意味において、どんな単純な質問の答も得られないのだ。

ゆえに、この混乱の地獄からは、明らかにどんな方法においても無力であるはずはない精神の能力を発展させる他にのがれようがないのである。我々は推論以外の、そしてより優れた手段を用いねばならない。かくして、我々はネシャマー（直観）を発展させるという問題にとりかかるのであり、カバラが世俗の科学やアカデミックな哲学と、手法や趣意について異なるのは、まさにこの点においてなのである。

しかしなお、この三十年間の世俗の科学の進歩は、確かにそれをカバラの持つ事物の概念に近いところまで導いている。科学の機械論はほとんど消え失せ、ヴィクトリア朝時代の人々に客観的、明確と映った言葉――物質、エネルギー、空間等々といったもの――も分析をまぬがれることは決してないこととなった。現代の思索者の中には、古い実証主義科学が必ずもたらすことになる絶対的な互解と、この凍りついた思想の冷たい拡張が解体されることをはっきり見抜き、アテナ神との妥協点をなんとしてでも見出さねばならないのを心に決めていた者達もいた。その必要性は、マイケルソン・モーリーの実験の結果により、もっとも驚くべき点において強調されることとなったのであり、「物理学」はその時、穏やかに、そして卒直に名辞の矛盾を提出したのである。この時、空虚の中に誤ちを探ったのは形而上学者ではなかった。まったくの窮地に陥れられたのは数学者と物理学者であったのだ。古い思想とその用語の定義が一つでも生き延びている限り、ユークリッド幾何学をリーマンとロバチェフスキーのものに替え、ニュートン力学をアインシュタインのものと替えても充分ではなかった。彼らは、慎重に実証主義と唯物主義を不確定な神秘主義にあけわたし、新しい数理哲学と新しい論理を造り出したのであった。すべてのものが、この後まで無事残るのではないかというはかない望みをもって、その中では無限《インフィニット》、というよりも超限《トランスフィニット》の概念が、通常の思考による方法で要約できるものであった。手短かにカバラの名称を使えば、ネシャマー（直接の精神的統覚や直観、またその能力）にしか適当でないルアク（知性）の概念の用語が包含するものを採る義務があることを彼らは見出したのである。これと同様の過程は、哲学においても何年も前に起っていた。ヘーゲルの弁証法が半分だけでも理解されていれば、スコラ学者からカントに至る、「理性」の「二律背反」の理解という哲学的考察の大部分は見捨てられていたであろう。

ヨーロッパの著名な精神分析医、C・G・ユングは、ヴィルヘルムの『黄金の華の秘密』の中で書いている。「従って、私には西洋に始まる知性に対する反動を採る他にはない……文化の進歩の目標として直観を支持し、専制的な知性がもうけたあまりに狭い限界を超えて意識を拡大するのだ」（七十二ページ）

ついでに言えば、哲学者が直面する最大の困難——その学徒がほとんど克服できないような困難とは、知識というものが進歩によって絶えず増大するもので、減少することはない、というものだ。つまり、使用されている哲学用語の意味の明確な知的理解は事実上不可能であるのだ。すべての思索者は、たとえ「魂」や「精神」という一般的かつ普遍的な用語についても、個人的な概念、意味を持っている。そして、ほとんどの場合、他の著者が同じ言葉を自分と違う意味で使うかもしれないなどということは疑いもしない。たとえそれが用うる前に言葉を定義する手間をかけようとする技術者であっても、しばしばお互いに意見が食い違うことがある。「魂」という言葉の場合、前述のように相違は非常に大きい。ある者が、魂はa、b、cであると書いた場合、彼の同僚が猛烈に、そんなものではなくてd、e、fである、と抗議することになるのだ。ここで、ある奇蹟がおこって「魂」という言葉の意味について、我我が明解な観念を得たとしよう。そうしても問題が単に始まっただけのことだ。ここにおいて、一つの言葉から別の言葉への関連という問題が起こるわけであるからである。

この絶えまない誤解の源にかんがみて、概念の伝達のための根本的、かつ普遍的な言語を確立することが明らかに必要である。老フィヒテの悲しき吐露が、苦い賛同をもって理解できよう。

「もし私が再び生命を得ることがあるならば、まず私がしたいことは、私の思想を伝えるためのまったく新しい象徴体系をつくることだ」

実際、ある人々が――主に初期カバリスト達で、その中にレイモンド・ルリーやウィリアム・ポステルも含まれよう――一貫性のある象徴体系を築くという偉大な仕事を試みていたことをフィヒテが知ってさえいたならばどうであったろうか。もっとも、こういった一貫した体系は悲しいことにほとんど理解されず、賛同もされなかった。

アビダンマにあるような仏教用語が充分に完全な哲学文字を与えてくれるのではないか、と時々主張される。仏教の体系については賛同すべき点が多い一方、以下の理由によって、この主張に完全に賛成することはできない。

第一に、実際の単語は耳障りに聞こえるほど長いもので、通常の欧州人が使用するのは不可能である。

第二に、この体系を理解するには、仏教の教理への完全な黙従が必要であり、我々にはその準備がない。

第三に、用語の意味は予期されるほどに明解、正確、包括的なものではない。確かに、その中には多くの衒学、疑わしい点、混乱が存在する。ごく最近になって、ライス・デイヴィッズ夫人が『仏教の起源』という本を出版し、その中で、多くの疑問点の中から、パーリ語の単語「ダンマ Dhamma」についての正確な翻訳、また意味について、それが「法」、「道義」、「生命」を含蓄するものなのか、それとも単に仏教の教理であるのか、という問題を挙げている。

第四に、その用語法はもっぱら精神的なもので、仏教以外の概念には考慮を払わないものであり、宇宙全般の秩序にはほとんど関連のないものである。もちろん、ヒンズー教や他の宗教の用語によって補足されているかもしれないが、そうすることはまた、より多くの矛盾する要素をひきこむことになろう。そうして、「ニッバーナ Nibbana」が「ニルヴァーナ（涅槃）」であるのか、そして消滅やそれとも他の意味がそこにあるのか等々の、無限に続く議論の中に我我は迷いこんでしまうのだ。

カバラの体系というものは、その用語の大部分が象徴的なものであることを知ることになるのだが、もちろん皮相的には最後の難点に関しては免れ得ないものだ。しかし、非常に多くの部分が象徴的であるが故に、科学において著名な権威と見なされる人々からもっとも多くの支持を得ているのであって、それというのも、現代科学というものは、物質界を理解するために用いる様々な象徴でいっぱいになっているからである。しかし、科学はそれ自体象徴を超えることができないことを卒直に告白してもいる。啓蒙的な論評が、エディントン教授による一九二八年のスワースモア講義「科学と未知の世界」に見出される。

「私に言えることは、物理科学はそのようなモデルすべてに背を向け、それらはかえって現象の背後にある真実の理解の妨げになると現在見なしている、ということです……そして、もし今日、物理学者に、結局エーテルや電子をどのように理解したか、と問うてみたならば、答えは、ビリヤードボールやはずみ車といった具体物による説明ではないでしょう。そのかわり、その物理学者はお気に入りのたくさんの象徴や数式を示すことでしょう。そのような象徴は何を意味するのでしょう。物理学はそのようなものとは関係ない、という不可解な答が返ってきます。それは、物理学が象徴表現を超えて探査する手段を持たないからなのです。物理界の現象を理解するためには、象徴化されたものの本質ではなく、象徴が従う方程式を知ることが必要なのです」

ジェイムズ・ジーンズ卿は、象徴を用いることに関してのこの見解を彼の『神秘なる宇宙』の一四一ページで確証している。

「数式や、記述しようとする現象を説明するためにモデルや図を作ることは、現実に近づくことではなく、かえって遠ざかることである……手短かに言ってしまえば、数式は決して我々に物質が何であるかを語ってくれるわけではなく、物質がどうふるまうかを語るだけなのだ。即ち、単にその特性を通して物体を記述するにすぎない」

従って、カバリストは象徴を使うことゆえに受ける敵意ある者達からの攻撃を怖れることはない。「聖なるカバラ」の真実の原理、十の「セフィロト」と二十二の「径」は、数学的に健全かつ明解なものであるからだ。古代ラビの神学的、教義的解釈を無用なものとして捨て去ることはたやすいことであり、この真実なる原理に影響することなく宇宙の万物を純粋な「数学」の根本体系に照らすことができるのである。同一の意味において、その象徴もすべての合理的精神には明確なものであろう。即ち、これらの象徴の間にあるつながりは本来から定められていたものだからである。

このことこそ、普遍的な哲学文字の原理としてカバラの「生命の樹」を採るに至った理由なのである。この体系のための弁明を（もしそのようなものが必要ならば）しておくが、これまでに述べたように、我々の持つ純粋な観念は数学的に象徴化されている。バートランド・ラッセル、カントール、ポワンカレ、アインシュタインやその他の人々は、ヴィクトリア朝時代の経験主義を数学的な概念による、明解な一貫した宇宙の解釈にかえようと努めてきた。現代の数学、化学、物理の概念は、例えば物質を手に触れることができるものだと思っている「普通の人」には、まったくのパラドックスであろう。現代科学は、その多岐にわたる分野において、究極の姿は純粋に抽象的なものであり、公式にカバラと呼ばれることは決してあるまいが、ほとんどカバラ的と言えることには何の疑いもないように思える。調和宇宙《コスモス》や、そのすべての部分、またその諸相におけるどんな作用をも純粋な「数字」の象徴によって表わすことは当然であり、適当なことなのである。

十の数字とヘブライ語のアルファベット二十二文字は、その伝統的かつ合理的な照応物《コレスポンダンス》とともに――また、その数理的幾何学的な関連を考慮に入れれば――我々の文字に一貫した体系的根本原理をもたらしている。それは我々にとって基礎として充分に堅固なものであり、上部構造として、また充分に弾性のあるものなのである。

第三章　セフィロト

前章で、カバラこそ我々の哲学文字の原理として最もふさわしいものであり、その原理に我々は知識と経験の総計――宗教的、哲学的、科学的なものを照らすことが可能となることを示した。「カバラ文字」とは、この後で説明するように属性と調和の精密な体系であり、哲学者が得た経験と観念とを整理することを可能にする便利な分類手段である。それは広大な情報体系がつまった三十二のジャケットがある整理棚と比較することができる。

しかし、棚の内容物すべての明確な定義を学徒が期待するのは誤りである。それは、はっきりした理由あっての不可能事なのだ。学徒は誰しも、一度精神的、道徳的性質をその三十二の棚におさめる方法を与えられたならば、独力でそれをやりとげなければならないのだ。その必要性は、例えば通常の業務手順においては、過去、現在、未来の取引先の名前が既に分類されているような整理棚を購入することが不可能であるのを理解すれば明らかであろう。（三十二の「径」である）カバラ的な棚は、それ自体では意味のない文字と数字の体系であるが、一度ファイルが満たされれば意味を持ち、かつそれぞれの学徒ごとに異なるものなのである。経験が増すにつれ、それぞれの文字と数字は新しい意味、意義が付加され、またこの整然とした配列を採ることによって、我々の他のどんな方法によるよりも容易に我々の内なる生命を理解することができよう。（実践的カバラと異なり）理論的カバラの目的は、この小論に関する限り、学徒に三つの主要なことを成さしむことである。第一に、すべての観念を「生命の樹」によって分析すること、第二に、各々の、そしてすべての段階の観念の間にある必然的な結びつきと関連をこの比較の基準と照らすことによってたどること、第三に、すべての未知の象徴体系をそういった手段によって翻訳することである。

これを言い換えれば、整理棚の配列を用いる術によって、特定の事物に共通する性質、そして他の物との本質的な相異、万物の必然的な関連を我々は明確に理解するのである。さらに、これは非常に重要なことなのであるが、神秘的な哲学や宗教のどんな体系についてでも、その体系を理解するということは、その理解を「生命の樹」に関連づけた時に、自動的にすべての体系を理解することになるのである。こうすることによって、究極的には、ある種の非個人的、抽象的観念の連合によって精神的構造を平衡化し、想像を絶した宇宙の複雑さについての明解な観点を得ることになる。それはこう言われていることによる。「平衡こそがこの業《わざ》の原理なのである」

真摯な学徒ならば、この本に書かれた属性を注意深く研究し、また記憶することが必要である。絶えざる精神機構への応用によって、数理体系とその照応法が一部でも理解された時――単に覚えただけでなく――経験と意識にあるすべての物を基準に照らす度に、頭上に閃光がひらめくことに驚くことだろう。

最近のカバリスト、チャールズ・S・ジョーンズ氏（兄弟《フラター》エイカド）が、彼の作品『Q・B・L』に以下のように書いている。

「この『図形』の詳細に至るまでを記憶することがまず第一に重要なのである。おそらくはこれこそが初期においてはカバラが口から耳へと伝えられ、書き記されなかった理由であって、というのも、心にしっかりと定着する限りにおいてしか効果が生じなかったからである。我々は、カバラについて読み、かつある程度まで研究し、紙上においていろいろと論ずること等々はできるが、『樹』の『心象』がおのずと心に浮かび、『枝』から『枝』へ、『照応法』から『照応法』へ精神的に行くことがかない、その過程を視覚化し、そうやって『生きた樹』となすことによって初めて、

『真実の光』が我らを照らすことに気づくのであり、いわば『大地』から芽を外界に出すことに成功するのであって、このようにして——ちょうど、若い木と同様に——我々は新しい『世界』にいることを見出し、と同時にその根は我々の生得の構成要素にしっかりと根づいているのである」

『光輝《ゾハール》』も מזלא 、（メヅラ Mezla）と呼ばれる聖なる霊的影響について語っているが、それはケテルからマルクトへと「径」を通って降りていくものであり、万物に生命を与え維持するものである。この生ある樹を我々の意識に根付けようとする努力と、毎日、献身と鋭敏さと不屈の努力をもってこの樹の世話をすることによって、徐々に、ほとんど気付かない程であっても、我々のうちに新たな霊的知識が自然にわきおこることとなるのである。その時、宇宙は総合的等質性を持った「統一体」の姿をもって現われ始め、学徒は自分の知識が統一され、知的次元においても「多」を「一」と成すことができよう。結局は、たとえ「径」を何と呼ぼうと、また様々な脇道のどれを通ろうと、これこそが、本質的でないものを捨て去るすべての神秘学がめざす目標であるのだ。

実際にセフィロトの解釈を試みる前に、もう一つ予備的なことに触れておかねばならない。多くのカバリストは「生命の樹」と七十八枚のタロットカード、即ち一連の絵による宇宙の表示を関連づけてきた。エリファス・レヴィは、『魔術の歴史』で以下のように書いている。「絶対的な象形文字の科学は、その原理に、すべての神が文字であり、すべての文字が概念であり、すべての概念が数字であり、すべての数字が完全なる表象であるアルファベットを持っている。この象形文字のアルファベットとは、モーゼがカバラの大いなる秘密をこめたものであり、著名なるトートの書なのである」

この「著名なる書」のページはまたトートの切札とも呼ばれ、エジプトの知恵の神である。クール・ド・ジェブラン（パリ、一七八一年）はこう記している。「もし、古代エジプトの書物の、たとえ一冊でも、彼らの優れた図書館を焼きつくした炎からまぬがれ、その書物には、彼らの最も純粋な教理が書かれているという話を耳にすることができたら……つけ加えるなら、その書物は何世紀もの間誰にもたやすく手に入れることができたものだとしたら、それは驚くべきことではないだろうか？　そして、人々はそれがエジプトのものなどとは疑ってみたこともなく、それを手にしたことがあるともいえない方法で所有していて、それを一ページたりとも解読しようと試みた者とておらず、その深遠な知恵の成果を、それ自体では何の意味もないとっぴな模様とみなしているとしたら、驚くべきことではないだろうか？……しかしこれは真実なのだ……一言でいえば、その書物とは一組のタロットカードなのである」

これら七十八枚の切札の起源についての伝説はもちろん非常に興味深く好奇心をそそるものであるが、それが正確なものであるかということについては断言できない。おそらくは、古代の熟達者達が、キリスト紀元と呼ばれるものの到来とともにヨーロッパを襲わんとする精神的堕落と知的停滞を見抜き、彼らの蓄積した知識を保管するための計画に心を砕いたのであろう。これは、人々が充分に進歩し、そしてそれを受け入れるのに充分なほど精神的に偏見のないようになるまで保たれ、なおかつその間、たとえ全く知的にものぐさとなった時にでも入手できるもので、特にカバラが関わる問題の研究に携わらなければならないという内心の衝動を持つ教団のメンバーが、たやすくそれに近付くことができるようにするためであった。

グノーシス派の「聖域」で召集され、開かれた協議会で、彼らはすべての面に亙って問題を考慮することを始めた。ある熟達者は、彼らのすべての知識をいくつかの象徴と絵文字に変換し、インドにおいてアショカ王が行ったように不滅の岩にそれらを刻むというアイデアを推した。他の者は、彼らの知識をあるがままにすべて記し、（ちょうど、今日ブラヴァツキー夫人がチベットに存在していると語るような）巨大な地下の図書館を保存し、ずっと後になってから開かれるようにすることに賛成した。

しかし、どのアイデアも要求される条件を満たさぬために大勢の支持を得られなかった。が、ついに、それまでは楽に腰掛け、論議にほとんど加わることのなかった一人の熟達者が、次のようなことを話したのであろう。

「そのようなものよりずっと実際的で巧妙な方法があります。我々の持つ宇宙と人間についてのすべての知識を、普段の遊びに使えるような絵に描けるような象徴にしましょう。そうすれば、何代にも亙って蓄えられた英知は正統ではない方法で保存されることになり、民衆によって、これが『秘儀参入者』の『哲学』と気づかれることなく伝えられましょうし、『真実』を求める者にはヒント以上のものを与えることにもなります」

この提案は、どんな点から見ても見事なものであったために協議会はこれに賛成し、そのうちの一人、ブラシ、ペン、インクの技術に優れた熟達者が、一組七十八枚の象形文字を描いたのであって、そのいずれもが象徴的に生命と人間と調和宇宙の特定の相をあらわすのである。

こうして、これらのカードが今日の我々に、もとのまま、実質的には損われることなく伝わってきたのだ。画家によっては「聖なるカバラ」の複雑な問題に慣れておらず、またカード製作者ほどの腕も持たなかったがために、タロットの複製を作ろうとして、もとの絵にあった象徴のいくつかを誤ったり、場所を間違えたり、また時には完全に消しさってしまったりしたかもしれない。しかし、この秘められた知識を持つ者にとってはたやすく再構成できるのである。

地下の独房に、書物も、どんな種類の指導もなく監禁されたとしても、この一組のカードによって、すべての科学、宗教、哲学の本質の百科全書的知識を得ることができるというエリファス・レヴィの主張があったのはつい前世紀のことである。このレヴィの典形的な多弁の見本ともいえる主張を無視するとしても、彼は魔術文字の原理として、0

から始まる十の数字と二十二のヘブライ語アルファベットを使うかわりに、根本的なわく組みとしてトートの書の二十二のトランプカードを採用し、知恵の二十二の「径《パス》」の属性と類似した方法で、彼の知識と経験をそれらにあてはめたことを指摘するだけで充分であろう。

　批評家によっては、ここで示された「生命の樹」の解釈、分類方法としての利用は「本当らしく聞こえない」し、カバラの規範的な書物のどこにもその根拠がない、と意見する者もいる。この批判は、事実なんの根拠もないものだ。この方法における試みは『創造の書《イエジラ》』に最も明らかであるし、『光輝《ゾハール》』は最も深遠な帰属性についての記述で満ちているのだが、その多くを簡明さを保つためにここには再録していないのである。この、また似たような反対意見を持ち出す人々には、ウェイト氏の、『光輝《ゾハール》』の哲学の概要を述べた『イスラエルの秘密教義』を注意深く参照すべきであると勧めるだけであり、その中には、私の解釈がカバラの最高の権威の賛同を得ていることが事実示されている。

　それでは、「カバラ哲学」の解釈の様々な面に触れるとしよう。まず最初に、我々は十のセフィロトの概念にもっと深く触れねばならないし、後の章で、すべての「径」の属性の研究に携わることができるような処理の方法の例をあげることにする。

0、アイン

　宇宙は、万物と生けるものすべての総和として、その原始の起源を「無限空間」、אין——アイン、「無」、もしくは「ブラフマン」、すべての現われの「原因《もと》なき原因《もと》」と考えられている。『光輝《ゾハール》』を引用すれば、

「この世界にどんな姿も造る前、この世界にどんな形も与える前、『彼』は一人きりであり、形もなく、何物にも似てはいなかった。その時、誰が『彼』を『彼』として認めることができようか、創造の前、即ち『彼』が形を持たぬ時に？」

アインは存在ではない。「非物質」である。それは理解不能であり、未知のものであり、非存在であって不可知のもの――より正確にいえば、少なくとも我々の意識によっては――である。ブラヴァッキーはこの根源存在を「遍在するもの」、すべての考察が全く不可能な「永遠」にして「無限」なる原理と定義したが、その理由は、それがあまりに人間の理解力・知力を越えているため、どんなたとえでもそれを矮小化するだけであるからだ。我々が知識を持ち、名称を与えるものは、その本質からではなく、その限界から知識を得、名づけるのである。

基本的に、それは不可知であり想像もできず言語を絶するものなのである。ラビ・アザリエル・ベン・メナハム（一一六〇年生まれ）は、前に述べたように〈盲人のイサック〉の弟子であるが、アインは知性で理解できるものではなく、また言葉で表わすこともできないと述べている。というのも、それを把握するに至る文字も言葉も存在しないからである。

もう一つの非常に重要な体系では、この概念は非常に絵画的、写実的に女神ヌイト、「絶対空間の女王」であり夜空に輝くもの、「乳首から星の乳（宇宙塵）をほとばしらせる」「女性」と描いている。

ハーバート・スペンサーの不可知論によれば、それは「絶対」もしくは「未知なるもの」であり、エジプトの聖職階級によれば三層倍した「闇」、中国の「空間が虚無なのにも似た」、そして『主』を持たず、すべての他の概念を超え、至高なるものよりも高い」「道」なのである。荘子による思索の一つに、『道』は存在するものではない。存在するものであるならば、非存在と成り得ない……『道』とは物質的存在を超越したものなのだ。『道』は言葉でも沈黙でもない状態において、その人知の及ばぬ本質を悟ることができよう」（荘子、則陽篇第二十五）というものがある。このカバラ的な「ゼロ」の概念、もしくは原理に、バルヒ・スピノザによる「神」、もしくは「実体」の定義が適用できよう。

「それの概念を形成するために他のものの概念を必要としないものである」

他にも多くの象徴があるなかで、ヒンズー教でこの「ゼロ」を表わすために用いられているのは蛇「アナンタ」であり、この蛇は世界を取り囲み、その尾は自分の口にくわえられて「無限」の再入性を表している。

Ⅰ・ケテル

「それ自身」を意識するようになり、またそれ自身を理解なさしめようとすると、アインは אין סוף アイン・ソフ（「無限」）となり、そしてさらに אין סוף אור アイン・ソフ・アウル、「絶対的無限光」（ブラフマン・ヴェーダンタ派のダイヴプラクリティ、そして仏教のアーディブッダもしくはアミターバ）となる。それはさらに収斂（『光輝《ソハール》の書』によれば『ツィムツム』）して、大きさのない中心の「点」――ケテル、即ち「王冠」、「生命の樹」における最初のセフィラへと集中する。

この概念を他の方法で表わせば次のようになる。抽象的な陰性の内に、「渦巻く力」（ラシト・ハ・ギルゴリム）が最初の顕現（ネクダ・リショナ）を予示し、それが他のすべてが生じる原始の始祖となるのである。ケテルとは計り知れない「モナド」、即ち万物の始祖であって、究極的な物質の本質と究極的な意識の単位の両者に関して、形而上学的な特質、精神エネルギーの中心、拡張することはできず、分割もできないものであって、絶え間なく生命、活動、力に満ちたもの、とライプニッツが定義したものなのである。それはすべての精神的、そしてもちろんこの調和宇宙すべての原型なのだ。

これに関して、読者は『神秘なる宇宙』に書いたジェイムズ・ジーンズ卿の以下の一文を記憶に留めておかれたい。

「これは、少なくともあまり気持ちのよいことではないが、空間全体に電子が満ちているに違いないことを示している……彼らファラデーとマックスウェルは、空間全体くまなく……『力線』を……発する……電荷を帯びた粒子を示したわけだ」（五四～五五ページ）

「空間全体」に満ちた数学的粒子の科学的概念は、アッシャー界におけるカバラ的概念に相当する。その四界については第七章において説明する。

カバラには、十のセフィロトとして知られているものが含まれている。これが何を意味するのかについては少々の考察が必要である——十の「数字」か、十の「言葉」か、十の「音」なのか？　コルドヴェロによる一般的な暗示では、それらは実質的原理、もしくはケリム、力《ちから》の容器、もしくは宇宙の「意識」が自身を表現する絶対的概念なのである。『光輝《ゾハール》』の比喩的な一節がこの点について語っている。

「海を流れる水は無限であり、形を持たない。しかし、それが大地を流れるとすれば形を持つこととなる。……海を流れる水の源と、土地の上を流れようとして発する力は、別々のものである。さらに、人が非常に深くまで掘った時にできるような巨大な窪みが流れる水によって作られる。この窪みは源から発した流れる水によって満たされている。これこそが海であり、これは第三のものである。この非常に大きな流れる水の窪みは、七つの運河に分かれるが、その水が流れる様子は、多くの長い管のようである。源、海流、海、そして七つの運河が集まれば『十』という数字となる……」

この節は、さらに次のように説明していく。源、即ち万物の最初の「原因」こそケテルであり、第一のセフィラである。そこから流れ出る海流、原始の機知に富む知恵こそコクマーであり、第二のセフィラである。そして海、「大いなる母」こそビナー、第三のセフィラである。七つの運河は、七つのより下位のセフィラ、もしくは「下位者」と呼ぶことができる。カバリストは十のセフィロトを根本原理とするが、それはカバリストにとっては十は完全な数であり、繰り返しなくすべてのアラビア数字を含むもので、すべての数の完全な本質から成るからなのである。

アイザック・マイヤースは、0—1は1—0で終わると書いているし、ラビ・モーゼズ・コルドヴェロは、彼の『パルディス・リモニム』でこう記述している。「10という数はすべてを含むことのできる数である。それを越えたところには、他の何物も存在しない。というのは、10を越えたものは再び構成単位へと戻るからである」

ケテル、「王冠」は即ち第一のセフィラである。最初の原因、即ちデミウルゴスとして、これはまた「マクロプロソプス」、即ち「大いなる顔」と『光輝の書《ゾハール》』では呼ばれている。数字の「1」はスミルナのセオンによって、「数字の最初にして元となるものであり、多くの数は引き算で減少し、なくなってしまう一方、不変、不動であり続ける」と定義されている。ピタゴラス学派によれば、「モナド」こそ万物の初まりであり、フォティオスによれば、「神」、万物の「第一者」、万物の「創造者」の名を受けるべきものなのである。これこそ「観念」の源なのだ。それぞれのセフィラに対して、教理的カバラは、「神」、「ディヤン・コーハンズ」、「天使」、「霊」その他の様々な名で呼ばれる存在を属性を持つものとしている。というのは、この哲学においては宇宙全体がこれらの知的存在の一連の位階制度によって動かされ、導かれているのであり、階級のそれぞれに特有の機能と任務があって、その各々の位、意識と知性の状態は異なっているからである。この宇宙には、顕現宇宙のすべての粒子、極小の点に至るまでを震わせる唯一の、不可分かつ絶対の意識が存在する。しかし、最初の分化は発散、もしくは反射により、純粋に精神的なものであって、我々が「神々」と呼ぶようないくつかの「存在」を生じるが、「神々」の意識がどのような性質を持ち、どれほど崇高なものか、ということは我々の理解を超える。ある見方からいえば、「神」とは自然の諸力であり、その「名」は自然の法則である。ゆえに永遠にして遍在であり、全能なのだ。――しかし、それはほとんど無限ともいえるある期間だけのことで、「神」はその中で顕在し、投射されているのである。

「神」の名は重要であり、それは、魔術の原理によれば、存在の名を知ることは即ちその存在へのコントロールを得ることだからである。W・M・フリンダース・ペトリー教授は、彼の小著『古代エジプトの宗教』で「名称の知識は、その名の持ち主への力をもたらす」と書いている。

「王冠」の属性をもつもの、第一の数字、אהיה エヒエー Ahieh、即ち「私は在ろう」と訳される「神」の名の属性を持つものは、「自然」の体系が静的なものではなく、創造過程がずっと以前に完了してしまった存在体系でもないもので、脈動し、進歩し、永久に変成しつづけるものであることを明確に示すものである。そのエジプトの神はプターであり、再びフリンダー・ペトリー教授によれば、それは抽象的な神の一人で（人間及び宇宙の神から区別され）、宇宙卵の創造者なのである。また、（オシリスと同一といえる）アモン・ラーであって、神々の王、「世界の王のなかの王」なのである。ギリシアで対応するのがゼウス――ローマの神統系譜学ではジュピター――であり、オリンポスの諸神のなかで最も偉大であり、一般的に、全能の父、神々と人間の王と表わされる。ローマ人はジュピターを「天界の王」、神々の中で最も高く、力の強いものとして考え、彼を「最上」にして「至高」と呼んだ。インドの体系では、彼は創造者ブラフマンであり、彼から七人のプラジャーパティーが生じ――我々のいう七つの下位のセフィロトである――彼の命によって世界の創造を全うさせたのである。

「ダイヤモンド」がケテルの属性を持つと考えられている。それは宝石のうちで最も不変であり、輝くからである。また、様々な理由により、古代人は「白鳥」をこの数字に照応するものとした。どの地においても「白鳥」は「魂」

と「歓喜」の象徴である。ヒンズー教の伝説によれば、「白鳥」(Hansa)は水と牛乳を混ぜたものを食物として与えたところ、両者を分け、牛乳を飲んで水を残したという――これはその優れた知恵を示すものだ。「鷹」もまた照応物である。ケテルがモナドであることを考えれば、個人的な観点から言って、鷹がそのような属性を持つのは理解できる。なぜなら、鷹は空中を舞い続け、青い天空の高みから大地を見降ろし、全く冷静な目ですべての物事を見つめる習慣を持つからである。

「竜涎香」は、香料のなかで最もすばらしく、貴重なものであり――それ自体ではほとんど芳香はないにもかかわらず、混合された時他のものの及ばぬ芳香を放つために、混合に重用される――この概念に含まれる。ケテルの属性を持つ色は「白」であり、タロットでは四つの「エース」であり、『創造の書《イェジラ》』では「賞讃すべき、もしくは隠れた神霊」と呼ばれている。

ラビ・アザリエルの『十のセフィロトに関する注釈』によれば、セフィロトのそれぞれは三つの異なった特質を持つ。第一に、これまでに述べたようにそれぞれは独自のセフィロト的機能を持つ。第二の面は、セフィロトは先のものから受信する、またケテルの場合は天上から受信する。第三には、セフィラは自分の持つ特質を伝達するが、それは天上から下位のセフィロトへと伝えられていくものである。

II・コクマー

第一のセフィラ(「存在」の本質――「霊的物質」)は、その本質に、そして潜在的に他の九つのセフィロトを含み、それを数学的に説明可能な過程によって生じさせる。S・L・マグレガー・メイザースは、「どうやって『2』といら数字を見出すことができるだろうか？」と問い、『ヴェールを脱いだカバラ』の序文で答えている。

「自らの反射によるのだ。0は限定することはできないが、1は限定することができる。そして限定の効果は、限定した物質の『幻』、複製もしくは映像を形成する。そうして、1と、その反射物からなる一対を得る。さて、ここに振動の開始が確立する。というのは、1という数字は不変化から限定へ、そしてまた不変化へと交互に変化するからである」

アイザック・イブン・ラティフ（一二二〇―一二九〇年）もまた進化の過程の数学的定義を我々に与えている。

「点が伸びることによって線となり、線は面となり、面は拡大した立体となり、かく神の顕現は自らを示す」

さて、ここで少し「存在」の究極的な分化が何であるかを考えてみれば、我々に理解できる限りでは、それは正と負、陰と陽、男性と女性であり、「生命の樹」において、ケテルに続くこれらの性質を持った二つの流出が予想されよう。第二のセフィラ、コクマー、即ち「知恵」は男性であり、精力的、能動的である。また「父」と呼ばれ、神の名は「Yoh《ヨー》 יה」、「天使」はオファニムがあてられる。

タヒュティ、もしくはトートがこの「知恵」のセフィラの属性を持つとされ、それは彼が著述と学習と魔術の神だからである。トートはトキの頭を有する神に照応し、時には尾なし猿や猩々を従えることもある。パラス・アテナは彼女が知的な贈り物を与え、力と知恵が調和した状態である限り、ゼウスの頭から完全武装で生まれたこの「女神」はコクマーの属性を持つ。ギリシア神話によれば、彼女は人間の命を保護する者として現れ、アテナのアレオパガス裁判所を設けた。ローマの体系では、彼女はミネルヴァであり、その名は、語源学者によれば考えるという意味の語根を持つという。従って彼女は思考力の人格化なのだ。マアト、「真実の女神」はトートと組み合わされ、もう一つのエジプトの照応物である。天界のウラヌス、そして「ロゴス」と、ケテルからの影響の「伝達者」としてヘルメスもまた属性を持つ。道教においては、陽性の「陽」がこのセフィラに照応する。
コクマーは、存在に欠くことのできない活力のための要素であり、インドの数論派哲学のいう「精神」、即ちプルシャであって、それは「意識」のすべての顕現に潜む根本実在である。ブラヴァツキーの体系では、コクマーはマハト、即ち「宇宙的観念作用」と名付けられたものであろう。中国仏教では観世音である。ヒンズー教ではヴィシュヌとイシュバーラである。コクマーとは「言葉」であり、ギリシアの「ロゴス」、そしてタルグムの「メムラー」である。『創造の書』はそれを「輝く神霊」と名付けている。それは惑星では天王星（ウラヌス）である――もっとも「黄道十二宮の領域」は伝統的にそこに位置するものとされている。

その色は「灰色」である。香は「麝香」、植物は「不凋花《アマランス》」、永久に咲く花である。タロットでは四つの「2」、宝石は「スタールビー」であり、創造的「星型」の男性的力を表わす。そして「トルコ石」は「マツァーロト」、「黄道十二宮の領域」を暗示する。

『光輝《ゾハール》』はまた、コクマーに、テトラグラマトンYHVHの最初の文字、ヨッド・をあてはめるが、これについては後に詳しく説明する。ヨッドはまた、タロットの四つの「キング」で表わされる。テトラグラマトンの属性については充分な注意をもって理解されなければならない。というのは、『光輝《ゾハール》』の考察の多くがここにゆだねられているからである。

III・ビナー

コクマーは、ビナー、第三のセフィラ「母」アイマを生じる。それは陰性、女性、そして受動的である。先に進む

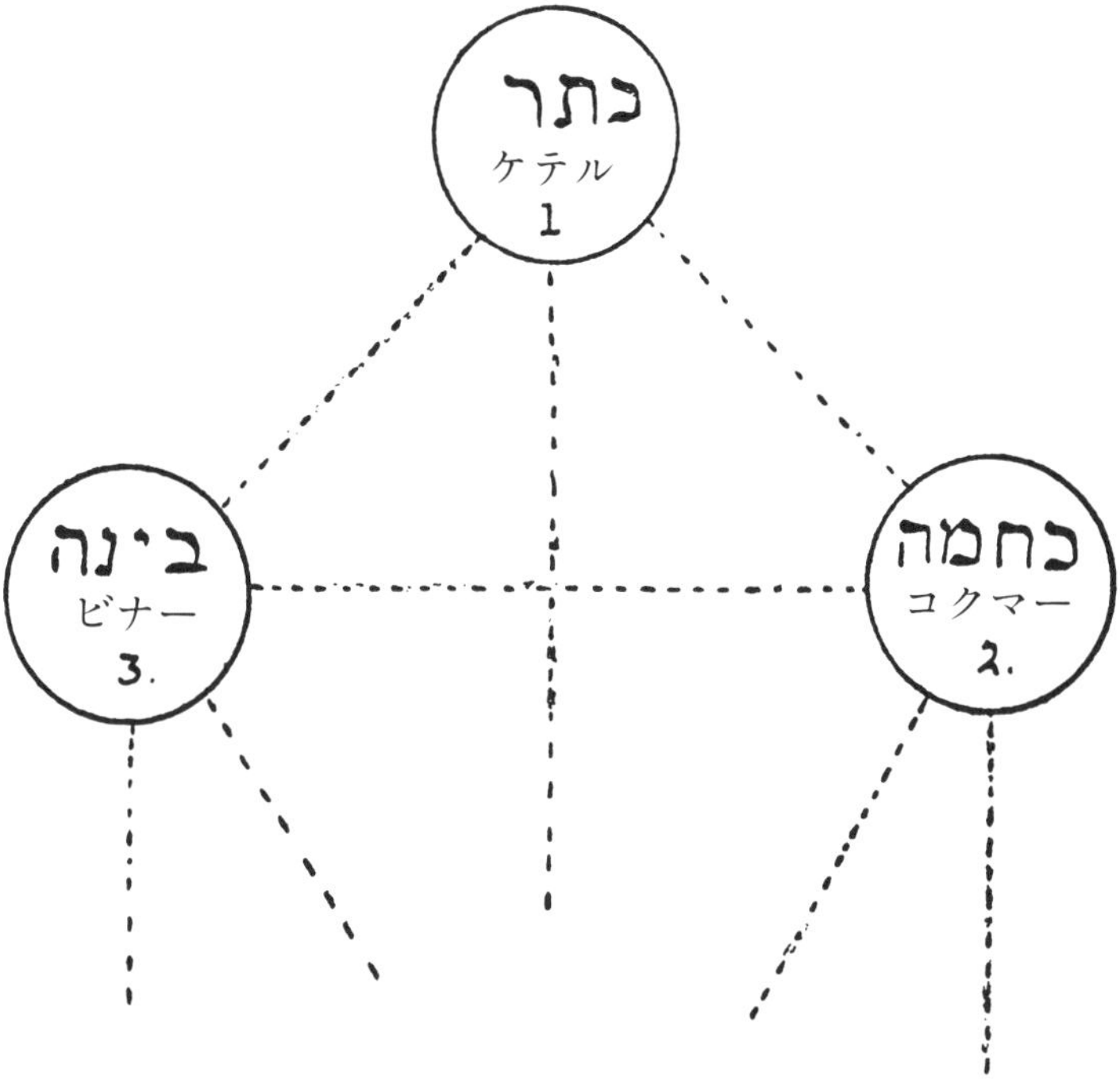
כתר
ケテル
1
בינה
ビナー
3.
כחמה
コクマー
2.

天上の三組

につれ、これに伴なう図表に照らし、「樹」の構成についても注意することが必要である。

第三はビナー、「理解」と訳され、サトゥルヌス、最も古き神であり、ギリシアのクロノス、「時の神」がその属性を持つ。彼女はまたフリッグ、北方のオーディンの妻であり、すべての神々の母である。また第三はシャクティであり、シヴァ神、つまり「生命の破壊者」の配偶者である。シャクティとは、すべての存在形式を統一し、一体化する宇宙的な電気的生命力であり、事物を構成する時に、「聖なる思考」即ちコクマーの計画を実行する建設的な力なのである。ビナーは、マーヤー、「幻影」の普遍の力であり、中国仏教の観音、道教の「陰」、正統ヒンズー教の女神カーリー、我々が生じた「大いなる海」なのである。

ヒンズー教のカーリーの四本腕の姿は、非常に生き生きと表現されている。彼女の首にはされこうべで作った輪がかかり、人間の腕でできた帯——黄金で作られている——が腰にまわされている。左の下の手は、これもまた金でできた人の首を持ち、上の手には剣が握られている。下げた右手は崇拝者へ恩恵を授けようとし、上げた手は恐れることがないことを象徴している。されこうべと剣は彼女の恐ろしいカーリーとしての破壊的な側面を表わしている。そして、右手は恩恵と、恐れることがないこと、エジプトのイシスの概念によって伝えられるものと似た彼女の慈悲深い面を示している。彼女は恐ろしくも優しくもあるのだ——ちょうど「自然」のように、繰り返し破壊しては創造する。

神智学の体系では、ビナーの一側面はムーラプラクリティ、即ち宇宙の根源実体であり、ブラヴァツキーが述べるように、その最も純粋な抽象性において客観性と見なさなければならない——それは意識を有する存在のすべての相の現象の基礎となる客観的実在を構成する独立存在の原理の一部なのである。我々がこの存在を全く認識することなく、触れ、感じ、気付きもせず、吸い込み、見ようともせず眺め、聞き、嗅いでいるのは、そのような根源物質の稀薄な姿なのだ。アイザック・マイヤーズの『カバラ』では、物質（イブン・ガビロールのいう精神的実在）は、能動的、即ち男性的な形成原理に影響される女性的、受動的なものといつも相応するという本質について述べている。手短かにいえば、ビナーとは、コクマーが意識の本質であるように、物質的であれ精神的であれ、すべての可能的現象の本質的媒介物なのである。

その色は「黒」であり、それは陰性であってすべての物を受容するからである。この属性を持つ宝石は「真珠」であり、それはこれが牡蠣の暗い子宮から生まれることに関連する。その『創造の書』の称号は「浄化する神霊」であり、その献じられる植物は「シダレイトスギ」、「百合」、「罌粟《けし》」であり、タロットカードでは四つの「3」である。その象徴として卵を抱く鳩――真のシェキナー、即ち「聖霊」である。テトラグラマトンの文字は最初のヘー、ה であり、それはタロットでは四つの「クイーン」である。

最初の三つのセフィラは「至高者」と称されるが、すべての可能な点において知的概念を超越しており、瞑想と実践的カバラの特別な訓練によって理解され得る。「至高者」は、下位のものとは巨大な隔たり、「深淵《アビス》」によって分けられている。「至高者」は「観念」であり、その他のセフィロトは「現実」なのだ。「深淵《アビス》」とは両者の間の非物質的な空隙なのである。ある意味においては、「至高者」は「下位者」、七つのセフィロトで「至高者」が自らを映したものとは、何のつながりも関連もない――ちょうど、空間がその中に何かがたとえあろうとあるまいと、それ自体で独自の、そして他から影響を受けない存在であるように。

ケテル、第一のセフィラ、中央の大きさのない「点」の出現の原因は非常に大きな問題をもたらす。老子は教える。「道は一を生ず。一は二を生じ、二は三を生じ、三は万物を生ず」（老子第四十二章　中央公論社世界の名著『老子・荘子』）ラビ・アザリエルの教理的カバラでは、「世界」（第十のセフィラ）を創造するためには、アイン・ソフは直接には不可能であったが、ケテルという媒介物を通じて可能となったとしている。そのケテルは、他のセフィロト、即ち潜在力を順番に生み出し、マルクトを客観世界で最後とした。『光輝《ゾハール》』はこの仮説を他の言い方で述べている。が、ここに困難がある。というのは、「ゼロ」の概念のように抽象的なものをどうにかしようとするのは明らかに不可能であるからだ。ブラヴァツキーは、彼女の不朽の著作『シークレット・ドクトリン』でこの困難を認めており、「絶対」(アイン)は、それ自体では理解不能のものではあるが、我々の目にも見えるいくつかの相――「無限空間」、「永遠の存続」、そして「絶対運動」を持つことを示すことによってこの問題の解決を許ろうとしている。この後者の概念はヒンズー教のブラフマンの「大いなる呼吸」という表現に明確に表わされる。それは絶えず来たりては去り、世界を創造しては破壊するというものだ。周期的な吸入によって世界は引き戻され、存在をやめる。しかし排出によって、顕現はラヤ、即ち我々がケテルと呼ぶ中立の中心の出現によって始まる。この周期的、もしくは定期的な顕現宇宙の法則は、「絶対」の「意志」の現われに他ならない。この場合、正確を期すならば「絶対」はラヤ点、即ちケテルを、万物が事実生じた場所から顕現なさしめたという古い仮定にたちもどることを我々は余儀なくさせられるわけである。

他の体系の観点によれば、宇宙は二つの力、正の力、負の力、「絶対空間」との永遠の愛の行為(サンスクリット語のリーラー)であるというものだ。この後者は、「空間の女王」ヌイト――「日没の青い瞼の娘」と描かれ、以下のように考えられている。「なぜなら、私は愛のために、一つとなる機会のために分け離されている。これこそが世界の創造であり、分けられたことの苦痛は無きが如く、破局の喜びこそがすべてである」

しかしながら、我々のカバラの教理の観点では、これらの、克服しがたい哲学上の問題を解決することのできない知的能力の不適当さについて言えば――多くの多弁なカバリストが無視し忘れている事実である――論理的に言って、他のすべてが生じたというセフィラの存在については、論理的には我々には説明できないと認めざるを得ないし、その方がずっと賢いことであろう。

Ⅳ・ケセド

第四はケセドと呼ばれる――「慈悲」であり、「深淵《アビス》」を越えて「至高者」の三組の反射である二番目の三組の最初のものである。この二番目の三組には、三原色、もしくは三基本色があてられる。ケセドには青、ゲブラーには赤、ティファレトには「黄」である。

四番目から九番目までのセフィロトは、セフィロト・ハ・ビニヤーンと呼ばれている――それは「創造の潜在力」であり、マイヤーズはそれらが原子であれ宇宙であれ、物質の次元を象徴するとした。つまり、(『創造の書』によれば)空間の四つの方向であり、それらの各々の正極と負極である。

ケセドは男性であり正であるが、「▽水」の女性性質がその属性を持つとされている。『光輝《ゾハール》』はケセドのもう一つの称号、ゲドゥラー、גדולה「威厳」もしくは「偉大」を与えているが、このどちらも占星学上の大きな影響、「♃木星」の性質であり、木星はケセドの属性を持つとされる。『創造の書』では、「受容の神霊」の名を与えている。

このセフィラの水性の面により、伝説での水の支配者ポセイドンと、ジュピター即ちローマ最初期においての本来の根源的、守護神的側面である「雨」と「嵐」と「雷」の「神」との照応を我々は見出すことができる。そのギリシアでの対応神は、雷と稲妻で武装したゼウスであり、彼が神楯をふるえばあらしが起こった。ヒンズー教でその属性を持つのはインドラ、炎と稲妻の王である。アマウンはエジプトの神であり、手に雷電を持つトールは北欧の照応神である。北欧サーガの海神エギールもこの範疇に入ろうし、伝説によれば彼は魔術にも通じていたという。♃が「テトラグラマトンの術式」と呼ばれる実践魔術を司る惑星だということがここでわかろう。

その「天使」は「輝けるもの」といわれ、その「大天使」はツァドキエル、「神の正義」を意味する。

ケセドに献じられる動物は「一角獣《ユニコーン》」と「馬」であり、後者はポセイドンが馬を造り、人間に手綱を使って馬を操る高貴な業《わざ》を教えたという伝説からである。植物では、「松」、「オリーブ」、そして「しろつめくさ」であり、宝石は「アメジスト」と「サファイア」である。「青」がその色であり、タロットでその属性を持つのは四つの「4」、金属では「錫」、香水は「ビャクシン」である。

V・ゲブラー

ケセドはゲブラーを生ずるが、それは本質的にビナーの反射物である。ゲブラーは、「強さ」もしくは「力」を意味するが、第五のセフィラ、女性であり、「神の名」は אלהים גבור エロヒム・ギボール、全能の神を与えられている。

「樹」の左の柱にあるセフィロトはすべてそうなのだが、ゲブラーが女性の潜在力を持つにもかかわらず、実際にその属性を持つとするものすべては男性であり、活発なものである。古い錬金術の格言に、「男は平和であり、女は『力』である」というものがある。この概念はカバラの体系から生まれたものだ。右の柱にあるすべての男性の三つのセフィロトは、「慈愛の柱」と呼ばれている。同様に左の三つの女性のセフィロトは「峻厳の柱」と呼ばれる。男性のセフィラ、ケセドの属性を持つとされたもののほとんどは、その性質から女性的である。これは思考の混乱ではなく、平衡の必要性を認識するためである。

第2の三組

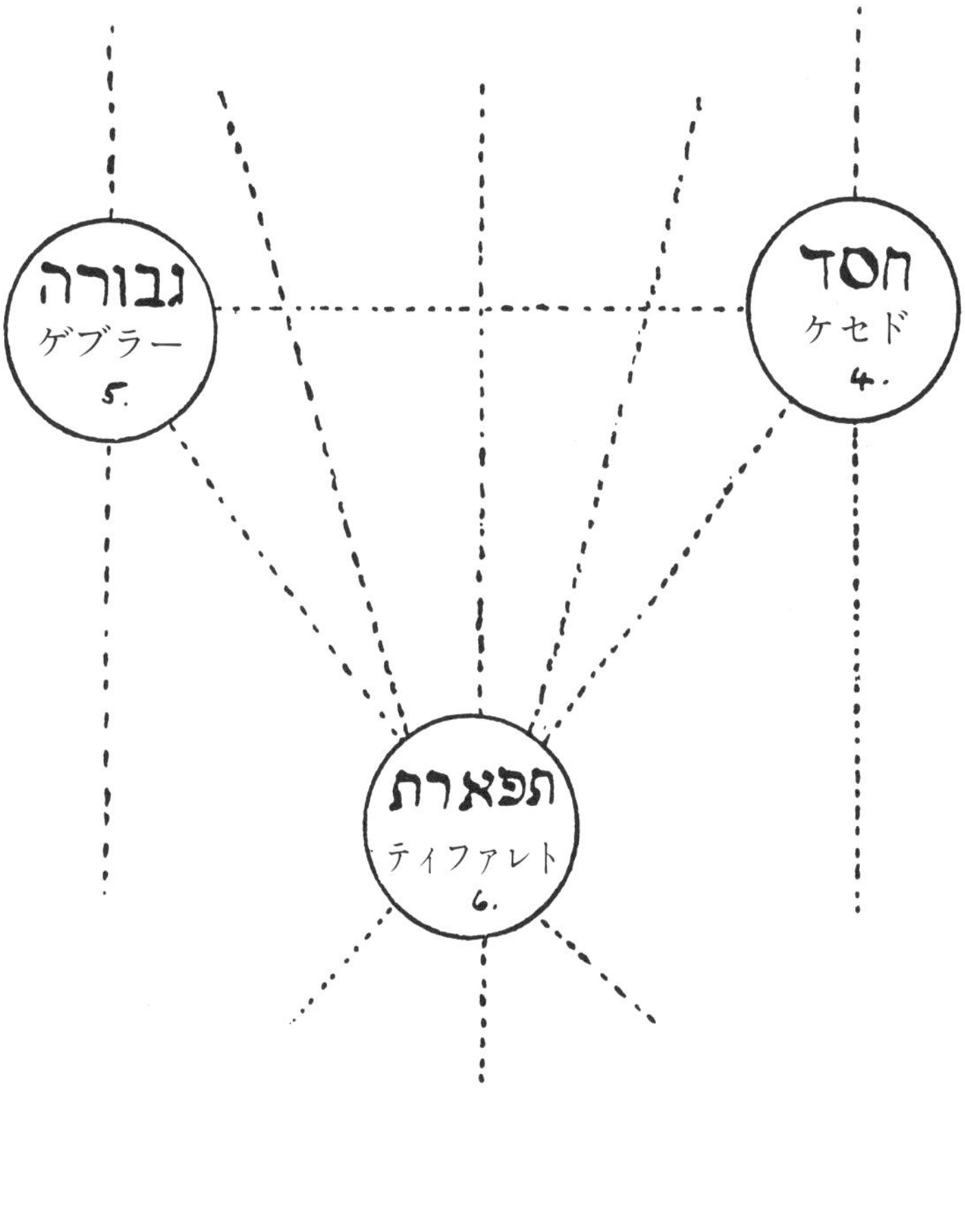
גבורה
ゲブラー
5.
חסד
ケセド
4.
תפארת
ティファレト
6.

ゲブラーの神はマルスであり、日常的に「戦いの神」と認められており、ギリシアではアレス、戦闘の響きと叫び、人の殺害と町の破壊に喜ぶものと描かれている。ゲブラーはより低い次元において、ビナーの属性を持つシャクティの力の要素を象徴する。ネフティス、「峻厳の女性」、影の生霊でありイシスの姉妹でもあるものがこの「5」という数字の属性を持ち、当然この女性がこのセフィラにビナーと似た特性を現わすと予期できようが、それは抽象的霊力としてはより純粋なものではない。トールはノルウェーの「戦いの神」であり、サーガによれば、彼の頭上にかかる雲は眼に輝く炎を映して深紅だという。彼は力と武器を授けられ、戦車で戦いへと赴くのだ。

ゲブラーの魔術的武器は「剣」、「槍」、「鞭」、「鏨」であり、すべて戦いと血を暗示する。その金属は「鉄」であり、献じられる樹は「オーク」であり、属性を持つとされる両者とも力を暗示していることは明白である。実際、ゲブラーの性質は、強さと力と武力という一般概念に要約される。

これら四番目、五番目のセフィロトは、「ロゴス」、コクマーの意志のもとに、次元の両極間に働く拡大的、収縮的な、そして求心的、遠心的なエネルギーを表わすのだ。

「莨《タバコ》」と「刺草《イラクサ》」がその照応物であり、両者ともその火と刺戟的な性質による。その色は明らかに好戦的な色、「赤」である。それにより、「ルビー」、即ち鮮紅の宝石が調和する。献じられる生物は、燃える眼をした伝説上の「怪蛇《バジリスク》」であり、タロットでは四つの「5」である。『創造の書』では、ゲブラーは「急進的神霊」である。

Ⅵ・ティファレト

第四、第五の男性、女性のセフィロトの働きは、調和してティファレトを生む。それは「美」と「調和」である。

図によって、惑星をその周囲にめぐらせる「太陽」のようにティファレトすべてのセフィロト系の中心にあることがわかろう――「太陽」は実際にその占星術的な属性を持つとされるものである。

その神はラー、時には鷹の頭をした神として、また二つの羽がついた太陽として表わされるエジプトの神である。ギリシアの「太陽の神」、アポロであり、彼にギリシア人の最も明るい精神が反映されている。ウォルター・ペイターの『ギリシア研究』によれば、

「アポロは、太陽光線の『神格化』であり、たやすく(彼を構成する物理的要素にすぎないものは完全に抑圧されて)排他的なまでに道徳的になる――その顕現のすべてにおいて、内的もしくは知的な光の『神格化』なのである。彼はすべてのそれら特別なヨーロッパ的観念、合理的政治形態、健全な魂と身体を象徴する。………彼の信仰は、具現化した公正であり、その目的は公正な理由の認識とどこにでもある真実の考察なのである」

これと平行した概念が、『光輝《ゾハール》』のイドラ・ツータと称される部分に見出される。ティファレトとは、「道徳的生活、すべての善の総計の顕現である。一口でいえば『理想』なのである。

ヒンズー教でその属性を持つのはハリであり、これは聖なるアヴァターラ、シュリ・クリシュナの別名であって、その理由は、神の化身として――彼は「霊」と「物質」の完全な平衡にある――ティファレトの含む本質的概念を表わしているからである。アドニス、イアッコス、ラマも、数字の「6」に照応するものであり、その理由は、生得の美か、もしくは様々に太陽円盤を表わしているからであって、太陽円盤には、古今の神秘的心理学が霊的意識をその属性に持つとすることに意見の一致を見るからである。

『光輝《ゾハール》』は、ティファレトを囲む正六角形をミクロプロソプス、即ち「小さな顔」と呼んでいる。

ディオニュソスもまた「6」の範疇に入る神であり、その理由は彼の若さと上品な姿で、男らしくない繊細さと美

を併せ持つからであり、またエレウシスの祭典で儀式的に用いられる、神秘的経験の状態に似た精神的な酔いをもたらすワインを醸造するからである。また、ディオニュソスは彼の姿を獅子に変えたからかもしれず、野獣の王、「獅子」はティファレトに献じられる動物であり、王位は常に獅子の姿に表わされてきたからである。☉太陽は黄道十二宮、♌獅子宮、獅子座で強調され、また獅子座は真夏の太陽の荒々しい様子の創造的象徴とみなされている占星術の理由がこの平行を説明するのかもしれない。

崇拝のためのディオニュソスの別名バッカスは、酩酊、インスピレーションの神であり、超人的、もしくは永遠の生命の授け手である。ギルバート・マーレイ教授の『ユーリピデスのバッカス』に関するノートの中で、彼はオルペウス教にも触れながらこう書いている。

「本当の崇拝者はすべて、神秘的な意味において神と合一する。彼らは再生し、バッコイとなる。ディオニュソスこそその神であり、完全に純粋な魂は神によって完全に支配され、神以外の何者でもなくなる」

北欧で相当するのは、すべての可能性から考えて、バルデル神、すべての「自然の女神」のお気に入り、オーディンとフリッグの息子である。アンダーソンは、「彼が最も善い神であるというのは真実を語ることであろうし、すべての人間は声高く彼を称えるのである」と書いている。

獅子に加えてティファレトに献じられる動物は伝説上の「フェニックス」であり、「フェニックス」は自らの胸を裂き、七羽の子供に傷口から流れる力と活力を与えるという。「ペリカン」も同様の伝説を持つ。両者とも、自分の生命を他者に与える「救済者」を暗示し、マーレイは前記の「序文」の中で、非常に似かよった含蓄を持つ興味深い挿話を書いている。

「カドモスの娘、セメーレーはゼウスに愛され、彼女は神である愛人に、一度でよいからその壮麗な実際の姿を見せてくれと願った。輝く稲妻と共に彼は訪れ、その歓喜のうちにセメーレーは息絶え、月満たぬ息子を生み落した。ゼウスはその子の生命を救い、『人』であると同時に『神』に成さしむために、自分の肉体を裂き、その子を時が至るまでそこに宿した。奇蹟的、神秘的な『第二の誕生』により、セメーレーの子は『神』としての生を受けたのである」

フリーメーソンにおける「復活」の象徴、「アカシア」と「葡萄」がティファレトの植物である。香料は「乳香」の樹脂である。色は「黄」であり、なぜならば「太陽」――精神存在と同様に肉体的な生命の源――がその色を放つからである。

タロットカードでは四つの「6」であり、ティファレトには「息子」の称号が与えられ、テトラグラマトンのו、Vの字であり、タロットの四つの「王子」、もしくは「騎士《ナイト》」（ジャック）である。『創造の書』では第六のセフィラを「仲介の神霊」と呼んでいる。その宝石は「トパーズ」と「イエローダイヤモンド」であり、それらの色からこの属性を持つとされる。

Ⅶ・ネツァク

ティファレトは第二の「三組」を構成する三つのセフィロトの最後のものであり、その三組はさらに以下に述べる第三の「三組」を成す要素を放射する。

ネツァクは第三の「三組」の最初のセフィラであり、「勝利《ヴィクトリー》」を意味する。時にはこれは「永遠」や「大勝利《トライアンフ》」と名付けられる。これは第七の潜在力であり、当然ニケー（勝利の女神）がその属性を持つとされる。ウォルター・

ペイターは彼の『ギリシア研究』で書いている。

「勝利の女神もまた、神話学によれば、本来は天空の偉大な勝利、闇に打ち勝つ朝の勝利だけを意味していた。しかし、彼女が源である物理的な朝は、以下の美的な意味における職務をになうのだ。ニケーがこの世の、つまり肉体を持つヒーローとともに現われ、馬を導くために彼の戦車に立ったり、オランダゼリや月桂樹の花冠をいだかせたり、楯に彼の名を書いたりする時、もしニケーがそこに想像的に描かれていたなら、それは彼女のしっかりとすえられた眼に、いまだ古い天空の影響が抑圧されておらず、朝の霧は彼女の翼となびく髪に降りかかっているのだ」

占星学では、惑星は「金星♀」である。そのために、ネツァクの神や性質は「愛」、「勝利」、そして収穫に関わるものである。アフロディーテ（ヴィーナス）は「愛と美の女神」で、自分の美と魅力を他者に授ける力を持つ。このセフィラの包含するものすべては愛である——性的な性格の愛ではあるが。ハトホルはエジプトにおける照応神であり、「母なるイシス」のより小さい面といえる。彼女は牛の女神と描かれ、「自然」の繁殖力を表わし、また彼女は農業と大地から生まれいづる者の守護女神である。バーヴァニーはヒンズー教におけるネツァクの女神である。

「薔薇」が従属する花であり、「紫檀」がその香料である。性的（♀）な原因による病気には、紫檀の油脂が用いられるのは良く知られている。「安息香」もまたヴィーナスの香料であり、その感覚的な魅惑は紛れもないものである。

「薔薇」は、アフロディーテの性質と調和するためにその属性を持つとされる。

『創造の書』では、ネツァクを「神秘の神霊」と呼んでいる。色は「緑」であり、ケセドとティファレトの青と黄の融合から由来している。タロットカードでは四つの「7」である。

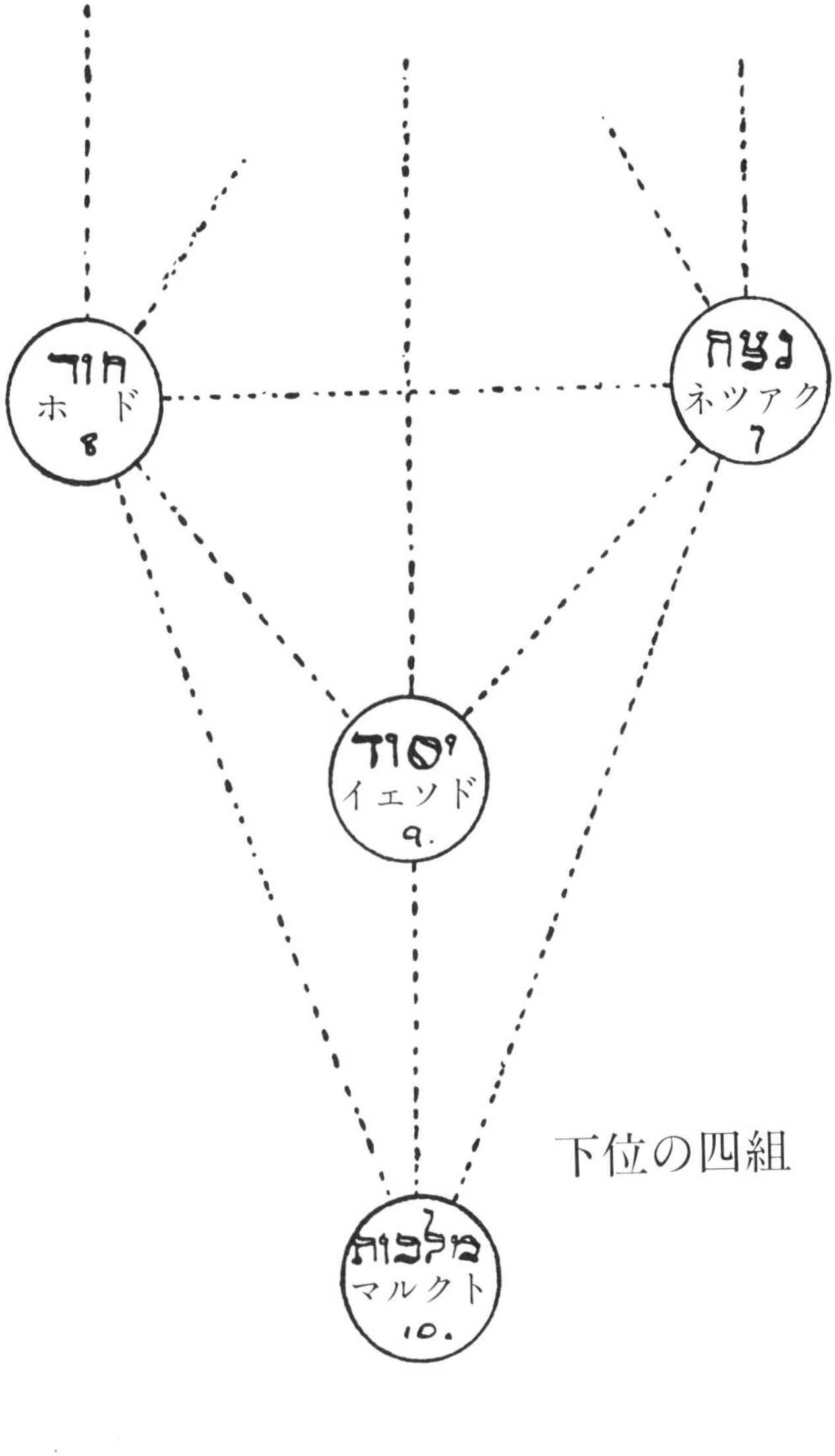

下位の四組

Ⅷ・ホド

「生命の樹」でネツァクの反対にあるのがホド、「栄光」であり、☿「水星」である。当然、その象徴はすべて明確な水星的な性格を持つ。このセフィラが包含する概念を得るためには、このセフィラの性格を持つギリシアの神、ヘルメスを理解することが役に立つだろう。彼は「分別」と「ずるさ」、「明敏さ」と「賢明さ」の神であり、アルファベット、数学、天文学、計測と計量などのような様々な発明をした者とみなされている。また商業と幸運を司り、オリンポスの使者であり、伝令である。ヴァージルによれば、神々は彼を、死者を上の世界から下の世界へと導くために使ったという。この最後の役割から、エジプトのジャッカルの頭をしたアヌビスが同様であり、というのは、彼は死者の保護者であり、アメンティのオシリスの裁きに死者の魂を導く者として描かれているからである。ホドは、非常に低い次元においてコクマーの持つ特質を表わしていることを理解することは、学徒にとって少なからぬ助けとなろう。

ネツァクとホド、第七と第八のセフィロトについては、『光輝《ゾハール》』では「勝利」と「栄光」は拡張、増大、力を意味すると記述している。なぜならば、この宇宙に生じるすべての力はその内部から流出するからである。

ヒンズー教における神はハヌマーンであり、尾なし猿、もしくは猿と表わされる。ブラヴァツキーは、『シークレット・ドクトリン』において、尾なし猿には、太陽―水星的な性質を持つ人間の魂、マーナシャプートラ、「ブラフマンの精神的な息子」と呼ばれる、ほとんど神性を持つ魂が閉じこめられているという説を非常な長さを持って述べている。これによってヒンズー教における「精神」と「知性」の神が、そのように、明らかに類人の知性を持たない動物として描かれていることが説明できよう。

その植物は「キバナノギョウジャニンニク」であり、その植物から採った薬アンハロニウム・レウィニーは、内服すれば、色彩の輪と理知的な性質の、自己分析を強める視力を得ることができる。その香料は「蘇合香」であり、宝石は「オパール」、色は「オレンジ」――ゲブラーの「赤」、ティファレトの「黄」から来る――である。その『創造の書』の呼び名は、「絶対のもしくは完全な神霊」である。タロットにおける、その属性を持つものは四つの「8」である。

IX・イェソド

ネツァクとホドは、イェソド、「基礎」に終着し、一連の三つの「三組」を完成させる。イェソドは、物理界が築かれている、とらえがたい土台であって、エリファス・レヴィ・ザヘドとブラヴァツキー夫人の両者によれば、それは「星幽界《アストラル》」であり、ある意味では、受動的で、上からのエネルギーを反射する、☽ルナであり、ちょうど月が太陽の光を反射するのと同じものである。「星幽光《アストラル・ライト》」は遍在し、何物でも透過する非常に神秘的な流動体、もしくは媒介物である。非常に稀薄な状態にある物質であり、性質は電気的もしくは磁気的であって、即ちこの物理界が築かれている原型である。この世界の永続性を保証し、その基礎をもたらす永遠不変の世界の諸力の満ち干きの行きつくところである。イェソドとは、この確固とした基礎、星幽《アストラル》の力の不変の干満、「自然」の持つ普遍的な再生力なのである。「すべてのものは、その基礎、生まれ出たる場所へと帰らねばならない。すべての髄、種、エネルギーがこの場所へと集う。なぜなら、存在するすべての潜在力はここを通って生じたからである」（『光輝《ゾハール》』）

そのエジプトの神はシュー「空間の神」であり、セブ「地球」からヌイト「天界の女王」を持ち上げているように描かれている。そのヒンズー教における照応神はガネーシャ、妨害物はすべて打ち破り、亀の上に立って宇宙を支える象の神である。ディアーナは「光の神」であり、ローマでは月とされる。イェソドの全般的な概念は持続性を持つ変化である。作家によっては、イェソドの領域である「星幽光《アストラル・ライト》」をアニマ・ムンディ「世界の魂」とする者もいる。精神分析医ユングは、私が見るところ、決してカバラ的概念から異なることのない「集合的無意識」という非常に良く似た観念を持っている。

その植物は「マンダラゲ」と「ダミアナ」であり、両者の催淫的な性質は良く知られている。香料は「ジャスミン」であり、これも性的興奮剤である。色は「紫」である。『創造の書』での称号は「純粋もしくは清浄なる神霊」、数字は9、タロットでは四つの「9」である。

実践的カバラの観点から見て重要な考察は、月の属性とは、オカルトの伝統によれば、死んではいてもいまだ活気のある身体であり、その微片にまで能動的、破壊的な活気と、魔術的な潜在力が満ちているというものである。

X・マルクト

三つの「三組」の体系にぶらさがり、これまでの数字すべてを統合するのがマルクト、「王国」——第十のセフィラである。マルクトは四元素の世界であり、物質がその完全な形にあり、その形態は我々の五感で知覚でき、これまでの九つの数字、即ち一連の概念が具体化することによって総括したものである。エジプトの神セブはマルクトの属性を持つものであり、それは、彼がワニの頭をした姿で描かれ、ワニは物質の総体を意味するエジプトの象徴文字だからである。プシケー、低次のネフティス、そして未婚のイシスが、その属性を持つ神である。「処女」、もしくは「花嫁」がマルクトに対する『光輝《ゾハール》』における別名であり、第五章で論じる特別な意味をもって用いられている。ペルセポネーは処女なる「地球」であり、彼女の伝説は救われぬ魂の冒険を表わしている。セレスもまた「農業の女神」である。他の神としては、ラクシュミーとスフィンクスであり、土地とすべての生物の多産を表わす属性を持っている。

セフィロトの最下位にして、物質世界の領域であるマルクトでは、「神の宮殿」より離れたメシャーモトが具体化する場所において、「シェキナー」、人類の遺産と霊的真理の永遠に存在する暗示としての霊的な「アイン・ソフの存在」がとどまる。これが「マルクトの内にケテルはあり、ケテルの内にマルクトがある。お互いに違った意味においてであるが」と書かれる理由である。真の「シェキナー」、真の「神の存在」はビナーにおかれ、それは決して降りることはない、と『光輝《ゾハール》』には暗示されようが、マルクトにある「シェキナー」は幻影、もしくは「大いなる至高の母」の「娘」なのである。アイザック・マイヤーは、「実行する力、もしくはビナー、『聖霊』、『上位の母』の力とカバリストは見なしている」と提示している。

『創造の書』ではマルクトを「まばゆく輝く神霊」と呼んでいる。その香料はクレタ島の「ハナハッカ」であり、その理由はその香煙の重く濃い煙による。その色は「レモン色《シトリーン》」、「オリーブ色」、「あずき色」であり、タロットでは四つの「10」である。『光輝《ゾハール》』では、テトラグラマトンの最後のה、ヘーを与えられ、そこから権威者はタロットの四つの「王女」がその属性を持つとする。

次章においての「生命の樹」における二十二の「径」に帰属するおびただしい数の対応物に関する考察に進む前に、これらのセフィロトと「径」に与えられたその属性を持つものについて、かけられ得る誤解に関して一言注意しておくべきだと思う。

例えば、「莨」、「火星《マルス》」、「怪蛇《バジリスク》」、「剣」はゲブラー、即ち第五のセフィラという整理棚に属するもののうちのいくつかである。しかし、読者はこの論理的前提を混乱するというほとんど許し難いような誤ちを犯さぬように注意しなければならない。これらすべては、数字「5」の相当物であるから、「莨」は「剣」であり、マルス神は「怪蛇《バジリスク》」と等しいと思いこむような間違いをしてはならない。これは実に危険であり、重大な結果をもたらす大きな間違いである。

ここに紹介している比較研究の最初では、比較宗教と比較哲学から選んだ照応物の分類方法の根本的な関連が完全に把握されなければならない。ここでは、前記の四つすべては類似したある特定の性質、もしくは組み合わされた特質を持っており、それが、これら四つの物がその属性を持つとする整理棚への調和をなすのである。そこには、これらを数字の「5」へと結びつける内在した関連が存在するのである。この観念は、カバラから何らかの利益を得ようとするならば心に留めておかねばならないし、そうすることによって全くの混乱は最初から払いのけられよう。

I	II	III	IV	V	VI	VII	VIII	IX	X
数字	ヘブライ文字	アルファベット	発音	意味	セフィロトの接続	数価	樹の径	占星術のシンボル	タロット・カード
1	א	A	Aleph	牛	ケテル→コクマー	1	11	🜁	O．愚者
2	בּ	B, V	Bes	家	ケテル→ビナー	2	12	☿	I．奇術師
3	ג	G, J	Gimel	駱駝	ケテル→ティファレト	3	13	☽	II．女教皇
4	ד	D, Th	Dallas	扉	コクマー→ビナー	4	14	♀	III．女帝
5	ה	H	Héh	窓	コクマー→ティファレト	5	15	♈	IV．皇帝
6	ו	V,U,O	Vav	釘	コクマー→ケセド	6	16	♉	V．法王
7	ז	Z	Zayin	剣	ビナー→ティファレト	7	17	♊	VI．恋人たち
8	ח	Ch	Ches	柵	ビナー→ゲブラー	8	18	♋	VII．戦車
9	ט	T	Tes	蛇	ケセド→ゲブラー	9	19	♌	VIII．剛毅
10	י	Y	Yod	手	ケセド→ティファレト	10	20	♍	IX．隠者
11	כּ	K, Ch	Caph	スプーン	ケセド→ネツァク	20	21	♃	X．運命の輪
12	ל	L	Lamed	鞭	ゲブラー→ティファレト	30	22	♎	XI．正義
13	מ	M	Mem	水	ゲブラー→ホド	40	23	▽	XII．吊られた男
14	נ	N	Nun	魚	ティファレト→ネツァク	50	24	♏	XIII．死
15	ס	S	Samech	つっかい棒	ティファレト→イェソド	60	25	♐	XIV．節制
16	ע	O (Nasal)	Ayin	目	ティファレト→ホド	70	26	♑	XV．悪魔
17	פּ	P, F	Pe	口	ネツァク→ホド	80	27	♂	XVI．塔
18	צ	Ts	Tsaddi	釣針	ネツァク→イェソド	90	28	♒	XVII．星
19	ק	Q	Qoph	後頭部	ネツァク→マルクス	100	29	♓	XVIII．月
20	ר	R	Resh	頭	ホド→イェソド	200	30	☉	XIX．太陽
21	ש	Sh, S	Shin	歯	ホド→マルクト	300	31	△	XX．審判
22	ת	T, S	Tav	タウ	イェソド→マルクト	400	32	♄	XXI．世界

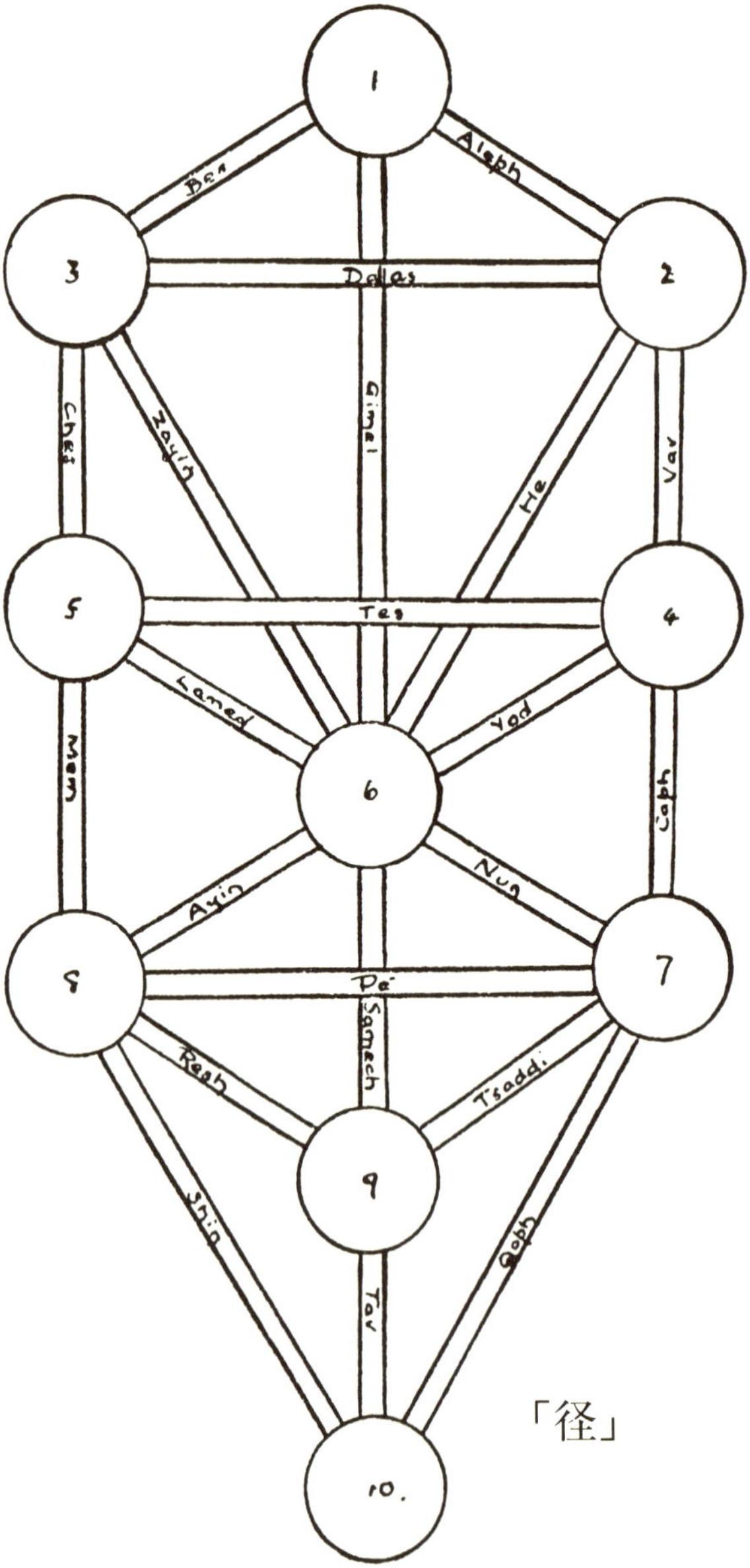
1
Aleph
3
Dallas
2
Gimel
Zayin
He
Var
5
4
Yod
6
Mem
Ayin
Pe
7
Samech
Tsaddi
9
Tav
Qoph
10.

「径」

第四章　径

新しい理論体系や哲学の新しい解釈を示すにあたって出会う多くの困難の一つに、新しい用語に対してよく見られる偏見というものがある。例えば「天文学」、「物理学」、「化学」というような研究において、全く新しい用語体系をマスターしなければならないという事実を見落としているような人が、ヘブライ語のアルファベットやカバラに用いられる用語に対して反対することは理解できる。商業においてさえ、商業の手段や手続についての知識がない者にとっては何の意味もなさないような単語、用語の体系を用いているのである。カバラの用語もいくつかの理由があって使用されているのだ。

ヘブライ語においては数詞は存在せず（これはムーア語から由来する）、アルファベットのそれぞれの文字が数字として用いられる。

この事実が、通常の数字と文字の概念から逸脱したカバラの基礎をもたらすわけである。それぞれのヘブライ文字は多面的な意義を持つ。第一に、それぞれの文字はアルファベットにおいて独自の位置を占める。第二に、教訓としての意義を持つ。第三に、それぞれは「生命の樹」における三十二の「径」のいずれかの属性を持つとされる。第四に、タロットカードにその属性を持つものがある。第五に、それは略されずにつづられた時に明確な象徴、もしくは寓意を持つ。

ブラヴァツキーは書いている。

「最初期から現代に至るまでのすべての『宇宙生成論』は、数詞と幾何学的な形に基づき、結びつき、またもっとも緊密に関連を持っている……従って、すべての古代の聖典の数字や形は思想の表現であり、記録であることを我々は見出すのである」

ギンスバーグもヘブライ語のアルファベットについて触れながらこう記している。

「文字は絶対的な意義を持たない——また、単に形態として用いられているのではなく、本質と形態とをつなぐ媒介物として利用され、単語と同様に、形態と真の本質、本質と胚、表現されない思想の関連を負うがために——これらの文字と、それが可能とする組み合わせ、類似に大きな意義が備わるのである」

タロットカードは象徴の完全なセットとなるが、ヘブライ語のアルファベットへと帰属させるのに伴う大きな困難とは、これらのトランプカードはⅠからXXIと数が打たれ、もう一枚の0というカードがあるからで、これがいつも「つまずきの石」となり、様々な人が、（あきらかにその時の気まぐれで）アルファベットの様々な文字へとあてはめている。このゼロのカードがあてはまる唯一の文字はⅠであることは明白であり、そうした時にカードはこの文字を深奥まで説明する明確な順次的意味を帯びる。

タロットによって明らかにされ、そして『光輝《ゾハール》』と『創造の書』で用いられている象徴の性質についてここに述べておくことが重要である。しばしば、明らかに、そして決定的に男根崇拝的である象徴的表現は、単に宇宙的、形而上学的な観念と作用を人間の精神により理解しやすくなるために用いられているにすぎない。ブラヴァツキーは何度もこの性的象徴を用いることに立腹し、このためにカバラ的な表現を激しく非難している。彼女の憤りは全く不必要なもので、それは、カバラにおいては好色な解釈方法はこれまで用いられたことはないからである。私には、彼女のカバラ嫌いについて説明することを満足のいくように引き受けるわけにはいかない。わずかに可能性のある唯一の説明をすれば、彼女がロシアの高貴な家系の出身者であるということで、かの地では反ユダヤ気質が彼女の時代に広まり、ユダヤ風のものはどんなものでもすべていかがわしいものとされていたのだ。彼女の執拗なゾハーリストへの攻撃、それに加えて彼女のカバラの書への全くの無知は――これは、彼女が主に引用するのはレヴィ（彼はカバラについてはほとんど知らない）とクノール・フォン・ローゼンロスからであり、両者ともローマ・カトリック教会の出身者であるという事実が証明している――こういうことによって説明でき得るかもしれない。

男根崇拝的象徴表現が用いられる理由は、「大宇宙」の創造過程が、人間の卑小な世界と著しく平行しているということが大きい。ニコラ・レーリッヒの『アルタイ・ヒマラヤ』と題された素晴らしい旅行記にこの観点を持ったみごとな意見が載っている。

「ヒンズー教が、宇宙の顕現と人間の有機体とをいかに見事に生理学的になぞらえているかを見よ。子宮、へその緒、男根、そして心臓は、見事に宇宙細胞の発展体系に内包されているのだ」

この男根崇拝の問題に関しては、C・G・ユングの『無意識の心理』に触れざるを得ず、それはここに性的用語に大きな無理解が存在するからである。これによれば、フロイトは〝愛〟を理解し、そこにそれらの第一の目的は完全に失われ、他のものに代えられてしまっている根源的でエロチックな原因をその起源とする微妙な感情や情動を含めている。そしてまた、精神分析医達は、性的特質の精神的な側面と、その重要性とを、肉体的な表現を別に強調することを忘れてはならない。

『創造の書』は述べている。

「二十二の基礎となる文字。彼はそれらを生じ、それらを刻み、それらを入れ換え、それによってすべての創造と、そしてそれに続いて創造されなければならないすべてを形成した」

この引用はカバラの数理哲学の根本となるものであり、これらの文字の存在、その文字が創造において細部にまで残した影響と、この文字の存在が宇宙の調和を構成することを示している。思考こそが実体であるという観念論的立場が相似しており、『創造の書』では、二十二の文字即ち観念は、この顕現宇宙の多様性すべてにわたるまでを成す根本形態であり本質であると述べている。

三十二の「知恵の径」から成る「生命の樹」では、十のセフィロトは主要な「径」でありその照応物は最重要である枝と見なされており、二十二の文字である下位の「径」はセフィロトを連結し、様々な数字に帰せられる観念を調和し、平衡している。これらの残り二十二の径については、セフィロトと同様の方法をとって、それぞれの項目ごとに考察を加え、いくつかの照応物を示し、文字の形と意味に特に関心を払いながら、これまでカバラの「数理哲学」に関して体系的に表わされたことのない発音に関しても、関連のあることと一緒に紹介していこう。

א——A
(アレフ)

ヘブライ語アルファベット最初の文字。

「生命の樹」における「径」の番号は11であり、ケテルとコクマーを結ぶ。

数字としては「1」

この文字の起源についての満足すべき説明は、これがくびきをかけられた牛、もしくは牛の頭を表わすもので、その角がこの文字の上部だというものだ。この観点は非常に暗示的で、というのは、この文字がアレフと発音されて略されずにאלף ALPH と書かれた時は「(去勢した)雄牛《オックス》」、もしくは「雄牛《ブル》」という意味であるからで、これは「自然」の生殖力を示す賞賛すべき象徴である。アレフには逆まんじ卐がその属性を持つとされ、これはほとんどאもしくはトールの雷電の形——「混沌《カオス》」を創造の中心へと吹き飛ばす「大いなる呼吸」の原始の動きを表わす優れた絵文字である。

アレフはケテルの性質の一部を持ち、「きらめく神霊」と呼ばれる。エジプトの「沈黙の神」ホール＝パール＝クラアトは、彼の指を唇のところにあてた姿で描かれ、アレフの属性を持つとされる。ゼウスとジュピターも同様で、この二神が「自然」の根本的な部分であるという側面に関連している。ヒンズー教でその属性を持つとされるのはマルツ（ヴァユ）であり、アレフの風としての側面と関連を持ち、北欧の神々のうちでワルキューレも同様である。アレフに帰属する動物は、鳥類の王「鷲」であり、その理由は「鷲」がジュピターに献じられることを我々は古典神話学から学んでいるからである。ここにジュピターへの生贄は主に去勢された雄牛であったことをつけ加えてもよかろう。その要素は「風」🜁であり、そこここへとあてもなく急ぎ、いつも下方へと進み、向かうものである。

タロットの大アルカナでは0——「愚者」であり、その存在の風のようなあてのなさを暗示している。このカードには、道化師のように装い、肩に杖をかけ、そこには包みがかかっているというような男が描かれている。彼の前にはぱくりと口を開いた断崖が待っており、後から小犬が足元で吠えたてている。彼の上着には、「精神《スピリット》」である⊛の模様がある。ラテン語の Spiritus という言葉は、「風」もしくは息を意味する。

魔術的武器として「扇」がアレフの属性を持つとされ、これは明白な「風」との関連がある。その色は「空色」であり、宝石は「黄玉」と「玉髄」、香料は「楓子香」である。

ב――B
（ベス）

アルファベットの二番目の文字。
「樹」における「径」の番号は12であり、
ケテルとビナーを結ぶ。
数字としては「2」

「B」は内的活動による音であり、唇と口によって閉ざされた空間より発せられる――従って、象徴的な家である。

発音は「ベス」であり、「家」と訳される。

『創造の書』は、「B」という文字は「知恵」を司るという。「知恵」は当然ヘルメス神であり、惑星でその属性を持つのは結果として――☿「水星《マーキュリー》」である。トートと彼の犬頭人、ハヌマーンも照応物に含まれる。この「径」は「透明な神霊」と称され、コクマーとホド双方の性質を帯び、この双方とも水星的である。総括的な「水銀《マーキュリー》」の錬金術的な概念は、流れ、移動し、固定性のない特質で、常に変化するというものだ。これは、何故に尾なし猿もしくは猿がいつもトートに従っているかを説明するのかもしれない。というのは、猿は落ち着かず、常に動いていて、決してじっとしていることがなく、人間のルアクを象徴するものであり、ルアクは必ず鎮めねばならないものだからである。ノルウェーのオーディン――永遠の放浪者――は、まさにこれを理由として、ここに帰属するのかもしれない。彼は生命の源泉ともいえる精霊であり、伝説によれば、自分自身で世界を創造したのではなく、計画し、手配しただけだという。すべての知識は彼より生じ、詩と北欧のルーン文字の発明者でもある。

その魔術的武器はカデューシアスの杖（ヘルメスの杖。二匹の蛇がまつわり、上部に双翼がある）で、これはヨーガの実践の際のクンダリニーの生ずる現象に特に関連があり、特にダーラナとプラーナヤーマにおいてそう言える。

そのタロットのカードはI――「魔術師」であり、彼はテーブルの傍らに立ち、そのテーブルの上には様々な魔術の道具、「剣」、「杯」、「貨幣」、「笏」があり、彼の右手は杖を掲げている。左手で地面を指さし、「上のごとく下もかくあり」という魔術的術式をとなえている。彼の頭上にあるのは、光背とも後光ともいえるような、∞無限の数学的なしるしである。マーキュリーもトートも「知恵」と「魔術」の神であるから、このカードが調和的なその属性を持つものとされるのは明白である。「乳香」、「肉豆蔻《にくずく》」、そして「蘇合香」がこの十二番目の「径」の香料である。「瑪瑙」がその宝石である。「クマツヅラ」が献じられる植物である。「鴇《トキ》（コウノトリ）」がその献じられる鳥であり、ずっと昔から片足で長時間立っているのが観察されていて、古代人の創造的な想像力にとっては、これが深遠な瞑想に没頭することを暗示したのだ。ヨーガには鴇のポーズと呼ばれるものがあり、これは実践者が片足でバランスをとるものである。さらに、儀式ではトートを「おお、汝、トキの頭よ」と呼びかけるのである。

さてここで、ヘブライ語の文法についての重要な点に触れなければならない。ヘブライ語のアルファベットの文字のいくつかは、ドーギッシュと呼ばれる点がそれらの文字の中にある時に音が変化するのである。בのように、文字の中心の点がなくなる時に、Bという文字はVへと変化する。このような細部も記憶しなければならないのは避けられないことであって、なぜなら、この後の調査研究において非常に重要性を帯びるからであり、筆者の経験の限りでは、ある高度な知識を持つカバリストでさえ研究において、このことや似たような事実が彼の初期におけるカバラ修業において欠落したことにより、全く予期せぬことに煩わされたのであった。

ג——G（ギメル）

アルファベットの三番目の文字。
「樹」における「径」の番号は13であり、
ケテルとティファレトを結ぶ。
数字としては「3」。

図を参照すれば、この「径」が第一と第六のセフィロトを結び、「深淵」、即ちカバラ的象徴主義でいえば、思考と人間達の経験主義的自我、その表現を使えば「誕生とともに絞殺されたる赤児」が死する不毛の砂漠を越えているのがわかるであろう。さて、ג ギメルがこの「径」に与えられる文字であり、גמל ギメルと発音された時には「駱駝」を意味する。「駱駝」は一般的に言って「砂漠の船」である。

この「径」の称号は「接合の神霊」であり、『創造の書』の属性を持つとされるものは月☽である。タロットカードでは、Ⅱ——「銀星の女教皇」であり、王座についた女性が描かれ、彼女は三重冠をつけ、太陽が頭上に、ストールが胸にかかり、足元には月のしるしがある。彼女は二本の柱の間に坐り、その柱は一本は白（男性）、もう一本は黒（女性）であって、それは「生命の樹」における右と左の柱、またフリーメーソンにおけるヤキンとボアズと類似する。彼女の手には「律法書《トーラ》」の巻物がある。彼女はある意味においてはシェキナーであり、また他の体系ではレディー・ベイバロンである。

古い薔薇十字団の階級体系では、「至高なる三組」が「導師たちの学舎」を構成し、「銀星団」と呼ばれた。ギメル即ち「月」の「径」は「至高なる三組」をティファレトと連結し、「内なる学舎」へと入る手段という働きをするため、タロットの象徴と矛盾しないことがわかるだろう。しかしなお、学徒によってはこのカードをベスにあてはめる者もいる。

アルテミス、ヘカテ、コンス、カンドラがその属性を持つとされる神であり、すべて月の女神である。その色は「銀」、輝く「月」の色である。「樟脳」、「アロエ」がその香料である。「月長石」、「真珠」がその宝石である。「犬」がギメルに献じられ、それはたぶん、女狩人アルテミスがいつも猟犬を従えているからである。同様の理由から「弓」と「矢」がその象徴としての魔術的武器である。

ドーギッシュがはずされたとき、ギメルは英語のJに近い音となる。

ד——D
(ダレス)

アルファベットの四番目の文字。

「径」の番号は14であり、コクマーとビナーを結ぶ。

数字としては「4」

この「径」は、「至高なるもの」の領域で「父」と「母」を結ぶために、照応物が正が負を、また男性の愛情が女性を、というようにヨッドとヘーの第一の結合があることを、我々は論理的に予期することができる。占星術的なその属性を持つとされるのは「愛の女神」、♀「金星《ヴィーナス》」である。この文字の「ダレス」という発音は、「扉」を意味し、フロイト主義の象徴表現でさえも子宮の意義を持つ。

色は「緑」と「エメラルドグリーン」である。宝石は「緑柱石《エメラルド》」と「土耳古石《トルコ》」である。花は「銀梅花」と「薔薇」、鳥は「雀」と「鳩」である。その魔術的器具は「ベルト」であり、これはアフロディーテのベルトをしめた者は誰でも、世界中の愛と欲望の対象となるという伝説からきている。

この十四番目の「径」の称号は「発光の神霊」であり、神はアフロディーテ、ラリータ――シャクティの性的側面であり、シヴァの妻――民衆に優しきハトル、即ち雌牛の女神である。

さらにもう一度、「神」の含意を説明することを試みるため、私はここにふさわしい引用をするが、これは心に留めておくべきものであり、また充分に活用すべきもので、ギルバート・マーレイによる『ユーリピデスのヒポリタス』の注解からのものである。

「ユーリピデスのアフロディーテへの実際の信仰は、あえてこのような問題を独断するならば、我々が女神と呼ぶものへのものではなく、『自然』の力、もしくはこの世で働く『精霊』へのものだといえる。彼女の存在を否定するためには、単に『そのような人は存在しない』というのではなく、『そのようなものは存在しない』と言わねばならない。そしてそのような否定は、明白な事実への反抗といえよう」

北欧神話での「愛の女神」はフレイア、ニヨルド――ジュピター的守護神――の娘である。

タロットカードではⅢ――「皇后」であり、右手に、十字につけた球、占星学の「金星」♀のしるしである笏を持つ。彼女のローブにもこのしるしが繰り返され、彼女の王座の横には、ハートの形をした楯があり、これも「金星」のしるしを帯びている。彼女に向かっては小麦畑があって、彼女は「愛」だけでなく「農業」の女神でもあることを強調している。彼女は頭に緑の花輪をつけ、真珠の首飾りをしている。

農業が何故「愛の女神」を結びつけて考えられるかということについて若干の説明をすれば、読者にシルバラー博士による『神秘主義の問題』を紹介せねばならない。この本の中には貴重な資料が見出されよう。しかし、同時に、シルバラーの結論のすべてを私が支持していると理解していただきたくない。まず私が指摘したように、この『神秘主義の問題』は、注意深い読者に、いかにこの結びつきが起こることとなったかを暗示してくれるであろう。

ダレスは「二重文字」で、従って、ドーギッシュがある時には、「The《ザ》」や「Lether《レザー》」のような、重いthの音をとる。

ה――H

（ヘー）

アルファベットの五番目の文字。

「径」の番号は15であり、コクマーとティファレトを結ぶ。

数字としては「5」

その発音は「ヘー」であり、この単語は「窓」を意味する。『創造の書』の称号は、「構成の神霊」で、占星学的にその属性を持つとされるのは♈「白羊宮」であり、牡羊座のしるしであって、♂「火星《マルス》」に支配され、その中では☉「太陽」は強化される。これにより、その属性を持つとされるものは火を伴い、好戦的な性質である。

その神は、国を敵から守っている限りはアテナであり、シヴァ、マルスである。ミネルヴァもまたその属性を持つとされ、というのは、勝利は分別、勇気、忍耐によって得られるもので、戦場で人間を導いたのは彼女だと信じられているからである。エジプトの神、メンツもまた戦さの神であり、その姿は「鷹」の頭を持つものと描かれている。北欧のティールもこの「径」の属性を持つとされ、その理由は、彼こそ神々のなかで最も勇気があり、大胆なのであり、「戦争」において雄々しさ、勇気、名誉を分け与えるのは彼なのである。ここに当てられる武器は「槍」であり、花は「ゼラニウム」、その色から宝石は「紅玉《ルビー》」である。

タロットカードはⅣ――「皇帝」であり、赤いローブを着、王座に坐り（王冠には紅玉《ルビー》がはめられている）、足は十字に組んでいる。彼の両手と頭で三角形を成している。ゆえに、ここに🜍錬金術の「硫黄」のしるしがあり、これは発火性の激しい性質を持ち、ヒンズー教の「ラジャスのグナ」、エネルギーと意志の特質である。彼の王座の腕には二つの羊の頭が彫られ、この帰属が調和していることを示している。

ו――V
（ヴァウ）

アルファベットの六番目の文字。

「樹」における「径」の番号は16であり、コクマーとケセドを結ぶ。

数字としては「6」「ヴァウ」がその発音であり、「釘」を意味する。男根の象徴として用いられる。この用法は、黄道十二宮の♉「牡牛座」のしるしによって確証され、♉はこれまでに述べたように、普遍的な生殖力の絵文字なのである。男根は、カバラ神秘主義においては創造的実在、魔術的意志の創造的象徴なのだ。この概念の理解を助けるために、ユングの『無意識の心理』から定義のために引用しよう。

「男根とは、四肢なしで動き、眼もなしで見、未来を知る物である。そしてまた、不死性が立証されるところにはどこにでもある普遍的創造力の実在する象徴的典型なのである……それは預言者、芸術家、奇蹟の職人なのである……」

この定義は特にキアーにふさわしく、これについては乗物と同様にリンガ（シヴァ神崇拝に用いる男根像）が現世における象徴である。その属性を持つとされるものは占星学的なものと非常に近しく、というのは、ここにエジプトのアサール・アメシェト・アピスがあるのであり、これはメンフィスの戦う雄牛であり、敵を踏み散らしたものなのである。

オルフェウス教の信徒は、その最も聖なる集いにおいて雄牛の血を分かち合い、マーレイによれば、その雄牛は、ある神秘によってディオニュソス＝ザグレオスその人なのであり、「神なる牛」は人間の浄化のために生贄となるのである。酒神バッカスの巫女は、詩や伝説において、その超人的性格のより美しいものが数あるなかでも、雄牛を引き裂いて血をすすったという。読者諸氏はロード・ダンセイニの最も興味深い小説『牧神の祝福』における丁寧な約束をまた想い起されるだろう。

インドでは、神聖な牛が、シヴァの創造的な側面の典型としてあがめられている。そしてまた、寺には直立した「リンガ」が彫られている。「結婚の女神」ヘラ、ヒュメン、婚礼のヴェールを運ぶ神もまた相当神である。

V――「教皇」がタロットでその属性をもつとされるカードである。彼は右手を二人の神父の頭上に祝福のしるしに挙げ、左手には二重の十字がついた杖、もしくは聖職者用の棒を持っている。足元には二つの鍵があり、これは「生」と「死」の鍵で、これが存在の神秘を解くものである。

ヴァウはまた、テトラグラマトンの「息子」である——オリュンポス（天国）における、世界を救うバッカス、もしくはキリストなのだ。そしてまた、贖罪を祝すモサンルバートの司祭王パールシーヴァーでもある。「バッカス」という名はギリシア語の「杖」の意味の語根から由来するものである。ブロミオス、ザグレオス、サバジオスというような多くの名とともに、彼は多くの姿を持ち、特に——とギルバート・マーレイ教授はいっている——「雄牛」や「蛇」の姿をとるという。ティファレト、第六のセフィラの属性を持つとされるものの多くはこの十六番目の「径」と近しいつながりを持つ。アドニス、タンムーズ神、ミトラ、そしてアティスもここに帰属する。

「蘇合香」がその香料、「葵」がその植物、「黄玉《トパーズ》」がその宝石である。

どこにドーギッシュがつくか次第で、この文字は、U וּ、O וֹ、V ו となる。

ז——Z（ザイン）

アルファベットの七番目の文字。

「径」の番号は17であり、ビナーとティファレトを結ぶ。

数字としては「7」

ザインは「剣」を意味し、この字の形を見れば、字の上部が剣の柄、下部が刃であることが想像できよう。

占星学では、これはⅡ「双子宮」、「双子座」である。ゆえに、双子の神はすべてこの「径」の属性とされる。ヒンズー教のレクトーとメルチ、ギリシアのカストルとポルクスがそうである。アポロもまた照応神であるが、それは彼の「予言者」、予言を神と人間に与える能力を持つという側面においてのみである。ニーチェは彼の『悲劇の誕生』のなかで、アポロはエネルギーを生み出す神だけでなく、予言する神であることを言っている。

「その語源から言って、『光り輝くもの』、光明の神である彼は、また内なる空想の美しい仮象を支配する。不完全にしか理解されえない日常の現実と対照して、これらの状態のもつより高次の真実、完全性、および眠りと夢のなかで治療し救済する自然のなかの深い配慮は、同時に、予言する能力と、生を可能ならしめかつ生きる価にするものたらしめる芸術一般との、象徴的類比である」

（『ニーチェ全集』第二巻より
塩屋竹男訳　理想社）

ヤヌスもまたその属性を持ち、というのは彼は、二つの別々の方向を向いた顔を持つ姿で表わされているからである。ホール＝パール＝クラアトは再びその属性を持つとされ、その主な理由は、彼は双子神、ホルス神、「力の主」とハーポクラテス、「沈黙の主」を一つの神格として併せ持つからである。

ザインは『創造の書』では「配置の神霊」と呼ばれる。すべての混成物はこの属性を持つとされる。その鳥は「鵲」であり、「アレキサンドライト」と「電気石」がその宝石である。その色は「藤色」、植物は「蘭」のすべての種である。

タロットカードはⅥ――「恋人たち」である。古いカードでは男が二人の女性、「善」と「悪」、リリス、即ち悪のサムエルの妻とイヴの間に立っている姿を描いている。しかしながら、現代のカードでは、裸体の男と女の姿を示し、翼を拡げた天使かキューピッドが頭上に浮かんでいる。

ח――CH
（ケス）

アルファベットの八番目の文字。
「径」の番号は18であり、ビナーとゲブラーを結ぶ。
数字としては「8」

ケス "Cheth"（"Loch" のような喉頭音のCH）――は「柵」である。占星学では、「巨蟹宮」、♋「蟹座」のしるしである。それはケフラ、カブト虫の頭をした神であり、真夜中の太陽を表わす。古代エジプトの占星哲学では、♋「蟹座」は「魂の天界の館」である。神々の伝達使としての側面のマーキュリー、「御者」の役目としてのアポロはその他のその属性を持つ神々である。北欧の照応神はヘルモード、即ち神々の使者、オーディンの息子であり、オーディンは彼に危険な使いの時着用するよう、かぶとと胴よろいを与えた。不幸にも、その満足すべき度合が様々であるために充分にはっきりとした帰属神をヒンズー教には見出せないが、クリシュナ神が、アルジュナのクルクシュートラの戦いへ向かう戦車に御者として現われたことがマハーバーラタに描かれていることから、クリシュナ神をその属性を持つものとして決めるしかないだろう。

タロットカードは、最も興味深い、Ⅶ――「戦車」である。これは戦車を示し、その天蓋は青く、星の模様がついている（これはヌイト、夜空、「空間」、そして「星の女王」である）。戦車には冠をいただき、武装した姿があり、彼の行手には「銀星」――霊の再生の象徴――が輝いている。彼の肩には二つの三日月、満ちていく月と欠けていく月が飾られている。戦車を引いているのは二匹のスフィンクスで、一匹は白、もう一匹は黒であり、どちらの勢力を支配するかを表わしている。戦車の前にはリンガの絵文字が描かれており、これは彼の再生した「イド」もしくはリビドーが、翼のはえた球に置かれていて、超越した「自我《エゴ》」により彼は統一した人格になるのである。

このカード全体で「大いなる業《わざ》」を象徴しており、このプロセスによって人間は未知なる「王冠」を知るに至り、「知識」と自らの「聖なる守護天使」との「会話」を成し得、自己統合と意識を完全なものとすることができるのである。

リビドーについて一言。この言葉にユングは未知の性質を持った概念を見たのであり、これはアンリ・ベルグソンのエラン＝ビタール（生への飛躍）と共通点を持ったもので、エラン＝ビタールとは仮説上の生の力であり、それ自体に性的なものだけでなく、他の様々な生理学上の霊的現出を有するものである。アンリ・ベルグソンはこのエラン＝ビタールについて、自己創造の運動、生成、我々という存在のまさにその本性であり実在である、と語っている。

その献じられる動物は「スフィンクス」であり、その男性と女性、そして動物を併せ持つ不可解な表現は、完全なものとされた「大いなる業《わざ》」の適切なる象徴である。『創造の書』はケスを「影響の室」と名付けている。「蓮」がその花であり、「オニチャ」がその香料、「栗色」がその色で、「琥珀」がその宝石である。

ט——T
（テス）

アルファベットの九番目の文字。

「径」の番号は19であり、ケセドとゲブラーと結ぶ。

数字としては「9」


「樹」において水平で、男性と女性のセフィロトを結ぶ「径」は「相対する径」と呼ばれる。十四番目の「径」が最初のもので、二番目はこの十九番目のものであり、「力」と「慈悲」、「峻厳」と「愛」を結ぶ。

この文字は「蛇」を意味する。その黄道十二宮でのしるしは♌「獅子宮」、「獅子座」である。パシュト、セケト、マウは、猫の女神であるためにその属性を持つ。ラ＝ホール＝クイトも照応神であり、「獅子宮」を司る「太陽」を表わす。デルメルとヴィーナスは「農業の女神」として、テスの属性を持つとされる。

その動物は、もちろん「獅子」である。花は「向日葵」、宝石は「猫目石」、そして香水は「乳香」である。「紫」がその色である。

そのタロットカードはⅧ――「剛毅」であり、花の冠と帯を身につけ、穏やかに、努力の様子もみせずに獅子の口を閉じている女性が描かれている。

「蛇」と「獅子」の照応物を持つ観点から見て、権威者によっては、テスに男根的な含意を見る者もいる。「蛇」と

「獅子」は錬金術の文書を研究するにあたって特別の重要性を持つ。現代の精神分析の理論では、「蛇」は男根と「知恵」の抽象概念を明白に象徴するとみなされている。

י——Y（ヨッド）

十番目の文字。
「径」の番号は20、ケセドとティファレトと結ぶ。
数字としては「10」

「ヨッド」——「手」。もしくは、他の指を閉じていて、一本だけ立てた人差指。これもまた男根の象徴であり、精子や無意識の隠れた意志本質（リビドー）を表わし、様々な伝説では、若者は「杖」を受けとった後——即ち成熟期になると、冒険へと旅立つという。魔術的武器は「杖」であり、その中にははっきりとフロイト的意味が見出される。その他には「ランプ」、「聖餐の聖餅」がある。「神の御手」もしくは「ディヤン・コーハン的意識」、即ちこの世界の諸力を動かすものという意味がこのヨッドという文字に読みとることができる。

タロットカードはⅨ——「隠者」であり、老いた熟達者の概念を与え、その姿は黒の頭布とローブをまとい、右手にランプをかかげ、左手には杖もしくは棒を持っている。

この「径」の全体としての概念は処女性のものであり、その占星学上のしるしは、♍「処女宮」のものである。ゆえに、ここに帰属させるものは、未婚のイシス、そしてネフティスであり、双方とも処女である。ヒンズー教での照応神は牛娘ゴーピー、もしくは女羊飼いのブリンダバンで、彼女はシュリ・クリシュナへの愛に心を奪われたものである。愛の情熱に心を向けなかった美しい若者ナルキッソス、そしてアフロディーテに愛された若者アドニスもその他の照応物である。バルデルは、決して汚れた者は入れぬブレイザブリクという天国のような館に住むという美しい処女の神であり、疑いもなく北欧におけるその属性を持つとされる神である。

その宝石は「ペリドート」、花は「雪の華」と「水仙」であり、二つとも清浄と貞節を暗示する。そして、その色は「灰色」である。

כּ——K
（カフ）

十一番目の文字。

「径」の番号は21、ケセドとネツァクを結ぶ。

数字としては「20」

この文字は「カフ」と発音し——意味はさじ、もしくは手のひらである——受動性の象徴であり、したがって女性である。♃「木星《ジュピター》」がその属性を持つとされ、ケセド（♃の球）とネツァク、♀「金星《ヴィーナス》」の球を結び、カフという「径」は、♃の寛大で豊富な、広々とした性格と、♀の愛の性質を併せ持つ。これは、ずっと低い次元におけるジュピター、ゼウス、ブラフマン、そしてインドラの、既に註解したその属性を持つとされるものの繰り返しである。プルートーもまたその属性を持つとされ、それは、彼は行き当たりばったりの富の与え手であり、無限と、「自然」のありあまるほどの豊かさの象徴だからである。北欧サーガでは、風と嵐を支配し、海と炎の怒りを抑制するニョルドがおり、さらに言えば、彼は富の守護者であり、求められればそれを与えるのである。

カフは「懐柔の神霊」と称される。その宝石は「青金石」と「紫水晶《アメジスト》」、植物は「ヤナギハッカ」と「オーク」、香料は「サフラン」やその他すべての豊かな芳香であり、色は「青」である。

タロットカードはX――「運命の輪」で、組《パック》によっては、七つのスポークを持った輪であり、片側にカデューシアスを持ったアヌビス、もう片側には三叉の槍を持った悪魔が描かれている。円周の上には剣を持ったスフィンクスがいる。輪はサンサーラのカルマの永遠の回転、ある存在からある存在へと、時には王や王子よりも高い身分に上がり、またある時には奴隷よりも地面の塵よりも低いレヴェルへと投げ降ろすものを表わしている。輪の上の基本方位のそれぞれには、TAROの文字が書かれ、その合い間にはテトラグラマトンの四つのヘブライ文字が書かれている。カードの四つの角には、雲の上にエゼキエルの預言に見られた生物が坐っている。

ドーギッシュが省かれた時、この文字はケスに似た喉頭音CHの音になる。また、この文字には最終型がある。すなわちךであり、単語の終わりに使われ、その時の数字としては「500」である。

ל——L
（ラメド）

十二番目の文字。
「径」の番号は22、ゲブラーとティファレトを結ぶ。
数字としては「30」。

この文字ラメドは「牛追い棒」、もしくは「鞭」を意味し、その形からもそのような意味を持つことがわかろう。その占星学上のしるしは♎「天秤宮」、「天秤座」であり、これがその最も重要な属性であり、この「径」の性格を象徴している。

タロットカードでその属性を持つのは、XI――「正義」で、二本の柱の間に坐った非常に悲しそうな女性を描き、彼女の片手には「剣」、もう一方の手には「天秤」がある。そのタロットにおける副題は「真実の王の娘。均衡の支配者」である。

ギリシアの神ではテミスであり、ホメロス時代の詩では、抽象法、習慣、公正の人格化であって、それは彼女が人間の集会を支配し、オリンポス山における神々の集会を召集するものとして描かれているからである。エジプトにおいて「正義」の概念を持つのはマアト、「真実の女神」であり、「死者の書」において、死者の魂を量る裁きの場面に現われる。ネメシスもまた照応神であり、彼女は人間に幸福と不幸を量り分ける。ここにおいて、ヒンズー教のヤーマーもそうであり、これは死と人間がその悪業を贖罪する地獄を人格化したものである。

ラメドの植物は「アロエ」、動物は「蜘蛛」と「象」、香料は「楓子香」、色は「青」である。『創造の書』の称号は「信仰に篤き神霊」である。

מ——M
（メム）

十三番目の文字。

「径」の番号は23、ゲブラーとホドを結ぶ。

数字としては「40」


「メム」が発音であり、「水」を意味し、▽「水」の要素もまた与えられている。その形に海の波を見る権威者もいる。その神はツーム＝プター＝アウロモス、「落日の神」、「神々の王」、そして純粋なる自然神の概念を併せ持つ神である。ポセイドンとネプチューンは、水と海を表わすため、再びその属性を持つとされる。

メムは「不動の神霊」と称され、その色は「海緑色」である。「聖杯」と「聖餐式用ワイン」（ソーマ、不死の秘薬）が儀式のための魔術的武器である。いわゆる〈水の智天使《ケルブ》〉は「鷲」、「蛇」、「蠍」で、救済されぬ人間、彼の魔力、そして彼が最後に得る「救済」を表わす。すべての水生植物、そして「水蓮」がまさしくその照応物である。「アクアマリン」と「緑柱石」がその宝石、「オニチャ」と「没薬」がその香料である。

タロットでその属性を持つのはXII――「吊るされた男」で、最も奇妙なカードであり、青いチュニックを着た男がT字形の絞首台から頭を下に（頭は黄金色の円光につつまれている）片足を吊るされ、もう片方の足は膝の後へと組まれ、十字を暗示している。彼の両腕は背中で縛られ、底辺を下にした三角形をつくっている。これは「救済者」の教義を表わしており、地上の人間に光をもたらしているのである。

メムには最終形םがあり、「600」である。

נ――N
（ヌン）

十四番目の文字。

「径」の番号は24、ティファレトとネツァクを結ぶ。

数字としては「50」

「ヌン」と発音し、「魚」を意味する。

ここにおける照応物は再び占星学上の解釈に従うように見える。それは♏「天蠍宮」であり、自分を刺して死ぬという爬虫類である。♂「火星《マルス》」が「天蠍宮」を支配し、ゆえにそのギリシアの神はアレスである。そのローマの神はマルスである。エジプトの神であり、巨大な蛇、アペピはその属性を持つとされる。クンダリニーはヒンズー教の女神で、創造的な力（リビドー）を表わし、蛇の姿をとって脊柱の基部、いわゆるムーラダーラ・チャクラの蓮華の上でとぐろを巻いている。

その魔術的な教義は、「腐敗を通しての再生」である。古代の錬金術師はこの教義を主に活用した。彼らの工程においては最初の一般的な物質が基礎成分となり、変造即ち腐敗（つまり、化学変化と現在いわれる）数段階を経て、黒い龍と呼ばれる時——腐敗段階と区別され、純金が生ずるのである。

この教義を別に適用すれば、すべての神秘論者が言及する心理学的状態、「精神乾燥」もしくは「魂の暗夜」であり、ここにおいてすべての人間の力は一時活動を中断し、「霊太陽」の光に発芽し、花開くために集中するのである。ゆえに、その献じられる動物は「甲虫」であり、エジプトの神ケフラ、「真夜中の太陽」である甲虫の神、「暗闇の中の光」を象徴するものを表わしている。言及した神秘的状態にあっては、人間の霊的生活は、考えられるうちで最も悲惨な方法によって引き裂かれているのである。

タロットでその属性を持つとされるものはXIII——「死」であり、先の概念に従い、白馬にまたがった黒い骸骨を描き（これは、私達に「黙示録」に出てくる「四騎士」を思い起こさせる）、この骸骨は、触れたものを何でもすべて刈りとってしまう大鎌を持っている。

この『創造の書』の称号は「想像の神霊」であり、その宝石は「エァストーン」、色は「黒褐色」、香料は「オポポナクス」、植物は「仙人掌」とその他の毒草すべてである。

この文字にも最終形ןがあり、数字としては「700」である。

ס——S
（サメク）

十五番目の文字。
「径」の番号は25、ティファレトとイエソドを結ぶ。
数字としては「60」

この文字は「支柱」を意味する。この「径」は黄道十二宮の「人馬宮」♐「射手座」がその属性を持つとされ、「実験の神霊」と称される。「人馬宮」は本質的に狩のしるしであり、天界の「射手」にして「狩猟の女神」ディアナはこの範疇に属する。弓矢を持った「狩人」としてのアポロとアルテミスもまた含まれる。「人馬宮」の象徴はケンタウロス、半人半獣で、伝統的に「弓術」と関連を持つ。そしてまた、「馬」もサメクの照応物である。ふさわしい植物は「藺草《イラクサ》」であり、これは矢を作るのに用いられる。香料は「沈香」、「緑」がその色である。「虹」もまたサメクの照応物であり、これから関連してアレス神もその属性を持つとされる。

タロットでその属性を持つとされるものはXIV——「節制」で、頭に「太陽」の黄金の印をつけ、美しい白いローブを着、胸にはテトラグラマトンが白い四角の上に書かれ、その四角の中には黄金色の三角が描かれるという姿の天使が描かれている。彼は金色の杯から青い液体を別の杯へと注いでいる。

この「径」はイェソドからティファレト、☉「太陽」の球へと結んでいる。タロットの「天使」は、人間の切望する「聖なる守護天使」を象徴しているのであろう。占星学上の「しるし」の基本的傾向である矢は天界を向き、これは「願望」なのであり、「太陽」の印、「天使」の心臓の上の金色の三角形は、すべての切望の対象を示し、アサール＝ウン＝ネフェール、完全なる人間を表わす。このタロットの配分には、ほとんど疑問の余地はなかろう。

その宝石は「風信子石」であり、事実、円盤投げの最中にアポロに誤って殺された美少年ヒアキンソスと関連している。

ע――O
（アイン）

十六番目の文字。

「径」の番号は26、ティファレトとホドを結ぶ。

数字としては「70」


「アイン」と発音し（少し鼻にかけた鼻母音を使う）、意味は「目」である――これは「シヴァ神の目」と関連し、松果腺に退化したものといわれる。占星学では♑「摩羯宮」、恐れげもなく上へ、前へと跳びはね、岩の頂上へと近づくシロイワヤギである。

その象徴は、再び、ヨーニ（リンガと対比――性力の象徴とされる女陰）とリンガの両方で、その神々は「自然」の創造力の諸力を象徴するものである。ケムはエジプトの創造原理であり、ほとんど常に物欲しそうな山羊の頭を持った姿で描かれている。プリアポスはギリシアの神であり、彼が生殖力と生産力の神である限りはその属性を持つとされる。パンも、「絶え間なく荒れ狂い、強奪し、また突っ走り、引き裂く」群れの山羊として表わされた時、その属性を持つ。「自然」の繁殖力と酔いの陽気な表われとしてのバッカスも、また別の照応物である。

ハシッシのもとである「大麻」がその属性を持つとされ、それは酔いと恍惚をもたらす性質による。

アインは「神格」の霊的創造力を表わすもので、これは、もし人間に顕現したならば、その人間はアイギパン、「全なるもの」となる。この「径」は熱意を持ち、高尚であり、自分の「真の意志」を自覚していて、自分の行く手である世界を救うための長く疲れる旅へとまさに立たんとしている「男神」の象徴表現である。

タロットカードではXV――「悪魔」であり、翼を持った山羊頭のサチュロスが描かれ、その姿は、額に五芒星があり、右手で上を指さし、左手は燃えているたいまつで下をさしている。彼の王座には鎖につながれた裸の男と女がおり、どちらも山羊の角が頭にはえている。

この二十六番目の「径」にふさわしい宝石は「カルボナド」、動物は「山羊」と「驢馬」である。福音書の中に、イエスがエルサレムに入る時に驢馬に乗っていたことが書かれていたことを思い起こされようし、私の記憶に間違いがなければ、ディオニュソスについても驢馬に乗っていることを言及しているものがあるはずである。その称号は「刷新の神霊」であり、その香料は「麝香」、色は「黒」である。

פ——P

（ペー）

十七番目の文字。

「径」の番号は27、ネツァクとホドを結ぶ。

数字としては「80」。

読者諸氏はこの文字の形が掌という意味を持つカフと、それに加えて小さな舌即ちヨッドを組み合せたものと良く似ていることに気づかれるであろう。この「径」の意味は「口」である。これは三つ目の「相対する径」である。その『創造の書』の称号は「自然の神霊」である。占星学上でその属性を持つのは♂「火星《マルス》」であり、ゆえにこの「径」はほとんどにおいてゲブラーの球の帰属物と同じものを持つが、それはより低い霊的次元においてである。鷹の頭をした「力の主」ホルス、エジプトの「戦の神」メンツ、アレス、マルスといったギリシアとローマの神の他、すべての戦う神は神性を持ったその属性を持つとされるものである。クリシュナは、クルクシェートラの戦いへと赴く際の御者としてヒンズー教における照応物である。オーディンもまた北欧神話において「戦」の神として描かれ、彼は、倒れた英雄をヴァルハラの宴へと迎えるためにワルキューレ達を送るという。『北欧神話』において、アンダーソンは、ワルキューレは「オーディンの侍女であり、『戦の神』は彼の思いと意志を力強い武装した女性の姿で戦場の修羅場へと送るのであり、これは地上のどこでも彼の大がらすを送るのと同じやり方である」と書いている。

その金属は「鉄」、動物は「熊」と「狼」、宝石は「紅玉《ルビー》」その他赤い石すべてである。植物は「ヘンルーダ」、「胡椒」、そして「アブサン」、香料は「胡椒」その他すべての刺戟性の香りを持つもの、その色は「赤」である。

タロットカードではXVI――「塔」で、その上部は王冠の形をしている。このカードは、時に「神の火」とも呼ばれ、その副題は「偉大なる万軍の主」である。このカードには、塔が雷にうたれ、ジグザグの形をした稲光が頂上を破壊している場面が描かれている。炎の赤い舌が、二人が跳び出している窓をなめている。この文字はカフとともに魔術的術式に特別な関連を持ち、それは「大熟達者」にこそふさわしいものである。

ドーギッシュがこの文字から省かれた時、PH、もしくはFの音となる。その最終形はףであり、数字としては「800」である。

צ――TS
（ツァダイ）

十八番目の文字。

「径」の番号は28、ネツァクとイエソドを結ぶ。

数字としては「90」

「ツァダイ」――「釣針」。その占星学上で属性を持つものは、♒「宝瓶宮」、「水瓶座」のしるしである。タロットカードにもこの概念がつながり、XVII――「星」がその属性を持ち、これには裸の女が水辺に跪き、両手にそれぞれ一つずつの二つの壺を持ち、そこから水を注いでいる姿が描かれている。彼女の頭上には大きな「星」とその周辺に七つの八芒星がある。その副題は「天空の娘。海の間《はざま》の居住者」である。

この「径」は明確な女性であり、♀「金星《ヴィーナス》」と☽「月」を結び、どちらも女性の感化力を持つ。ユノーは女性を守る女神であり、女らしさの「守護神」であって、この「径」の主要なその属性を持つとされる神である。アテナは、有用なものと優雅なものの両方の技芸の後援者として（技芸は宝瓶宮固有の占星学的特質である）その照応神である。そしてまたガニュメデスも、そのほとんど女性的ともいえる美しさと「杯を持つ者」であったことからその照応神である。アペピとアロウエリスはエジプトにおける相当神である。

ツァダイの植物は「オリーブ」で、これはアテネが人類のために造ったと信じられている。その動物は「鷲」で、ガニュメデスをオリンポスへと運んだといわれている。香料は「ガルバヌム」、色は「空色」である。『創造の書』の称号は「自然の神霊」である。宝石は「玉髄」で、柔かい流れるような雲と星をその外観で表わしている。

ツァダイには最終形ץがあり、「900」である。

ק——Q

（クォフ）

十九番目の文字。

「径」の番号は29、ネツァクとマルクトを結ぶ。

数字としては「100」
発音は「クォフ」で、「後頭部」を意味する。『創造の書』の称号は「形而下の神霊」、その属性を持つものは♓「双魚宮」、「魚座」のしるしである。

この「径」を描写するのは非常に困難で、というのはこれが疑いもなく「星幽界《アストラル》」のある相と関連しているからである。これはまた男根の象徴であり、魚は人間という存在の根底を泳ぐ精子と関連している。ヒンズー教でその属性を持つものは、マツもしくは魚形のアヴァターラとしてのヴィシュヌである。ネプチューンとポセイドンは、魚の住む領域をも支配するが故にこれに帰属し、そしてケフラは甲虫もしくは蟹としてその照応神である。これらの象徴のすべては、テトラグラマトンの術式の応用につながるある種の「魔術」を隠しているか、関連している。

ナザレのイエスは時々「魚座型人物」と称され、初期キリスト教徒が、「魚」を意味する「イクトゥス」というギリシア語の単語の書かれた札をお守りとし、それがキリスト教教会によって「神の息子」として認められている人間と関連していたことを読者諸氏は想起されよう。バビロニアにおける知恵の教師オアネスも同様に男根的な魚の姿で表わされる。

その献じられる生物は「海豚」、色は「黄褐色」、宝石は「真珠」である。「真珠」が「双魚宮」と関連づけられるのは、その他の宝石の透明さと違うその曇った輝きのゆえで、これが純粋な霊界に属する不定の光のきらめきと対称をなす星幽界の曇った感じの半透明な視界を思い起させるのである。

XVIII――「月」がそのタロットカードで、月の輝く真夜中の景色を描いている。二つの塔の間に立つのはジャッカルと狼で、鼻づらは中空にむけ、月に向かって吼えていて、乾いた地面へと水の中からザリガニかカニが出ようとしている。

ר——R

（レシュ）

二十番目の文字。
「径」の番号は30、ホドとイエソドを結ぶ。
数字としては「200」

「レシュ」がその発音で、「頭」を意味する。「太陽」がこの「径」の属性を持つとされ、すべての象徴は明確に太陽的なものである。

ラー、ヘリオス、アポロ、そしてスールヤはすべて太陽の神である。「黄」がレシュに与えられる色であり、「シナモン」と「乳香」がその香料で、これは明らかに太陽的なものである。「獅子」と「コノリ」がその動物である。「黄金」がそれにふさわしい金属で、「向日葵」、「香水草《ヘリオトロープ》」、そして「月桂樹」がその植物である。「クリソレス」がその宝石であり、「太陽」の黄金の光を暗示している。その称号は「集合の神霊」である。

タロットカードではXIX——「太陽」で、見事に対応している。カバラについての著作者によっては、このカードをクォフにあてはめる者もいるのであるが、これはまったく信じ難いことである。カードには「王冠」につけた「勝利する」「子供のホルス」が「白い馬」——カルキ・アヴァターラの象徴——に乗り、頭上に燃える太陽がある絵が描かれている。カードの背景には何本かの向日葵があり、これもまた太陽の性質に配置されることを示している。『創造の書』は「レシュ」を「二重文字」としているが、この文字に「R」以外の音を見出すことはできなかった。現代のヘブライ語文法では、学者もそのようなものを認めていない。おそらくは、フランス語の「R」――明確な巻き舌で発音する――が問題の音であるのだろう。

ש――SH
（シン）

二十一番目の文字。
「径」の番号は31、ホドとマルクトを結ぶ。
数字としては「300」

「シン」は「歯」を意味し、これはたぶん三本の臼歯と関連を持つのだろう。この文字はドーギッシュを用い、これが左にきたとき、ש（スィン）となり、「S」として発音される。「火」△がその『創造の書』に於ける相当元素であり（ヘブライ語でאשエシュが火で、『シュ（SH）』という音は発音のうちで最も鋭い）、この歯擦音の文字שが象徴しており、なぜならば火の性格の一つはシューシューという音だからである。ヘブライ語の「歯擦音」の同義語は「シューシューと音を立てる」という意味も持つ単語である。
この「径」の含意するものは、「聖霊」が炎の舌によって降りてくるというもので――ペンテコステにおいてのイエスの十二使徒を思い出させる――その属性を持つとされるものすべては火のような性質を持つ。アグニはヒンズー教の「テジャの神」であり、即ち火の要素もしくはタットワである。ハデスはギリシアにおける炎の地獄の神であり、バルカンとプルートーも同様である。火の要素を持つエジプトの神はトーム＝エシュ＝ネイス、カベシャント、タルペシェスである。

その植物は「赤い罌粟」と「仏桑華《ハイビスカス》」である。前記のその属性を持つとされるものを知っていれば、よく理解できようし、この詩人の悲しげな叫びに感ずるものもあろう。「我に罌粟と仏桑華《ハイビスカス》の花冠をつけよ」この「径」の宝石は「火蛋白石《ファイア・オパール》」、香料は「乳香」その他のすべての燃えるような香りを持つものである。『創造の書』における称号は「不断の神霊」である。

タロットカードにおける照応物はXX――「最後の審判」であり、「天使ガブリエル」がトランペットを吹き鳴らし、赤い十字の描かれた旗を持っている絵が描かれている。死者は墓を出て立ち上がり、上を見上げ、「天使」への祈りのために手を組んでいる。

ת――T
（タウ）

二十二番目の文字。

「径」の番号は32、イエソドとマルクトを結ぶ。

数字としては「400」

この文字は「T字形の十字」を意味する。ドーギッシュがない時、「S」として発音される。

この「径」は(a)星幽《アストラル》界の最も低い澱であり、♄「土星」が大いなる占星学上の悪しきものとしてその属性を持つとされるものと、(b)宇宙全体、実在するすべての知的存在の総計としてのブラフマン、パンとして表わされるもの、という二つを表わす。後者の範疇にはガイア、もしくはゲーが入り、これは地球の人格化である。そしてまた北欧のビタールがおり、その名は彼がこの世界の不滅の性質を示し、それは不滅の森林の広大さにも似て、またギリシアのパンが沈黙と秘密と平和な森を表わすことにも似ている。再びアンダーソンによればビタールとは永遠にして野生の、独自の本質を持ち、不滅の物質の神なのである。

しかしながら、(a)と関連してはセベック、ワニの神であり、物質の完全なる形態を示すものがおり、「阿魏」その他のいやな臭いを持つ照応物を持ち、ヒンズー教にはターモ・グーナ、怠惰と無精の性質を持つものがいる。

その色は「黒」、植物は「梣《トネリコ》」、「犬酸漿《イヌホオズキ》」、『創造の書』の称号は「管理の神霊」である。

タロットカードはXXI――「世界」で、花輪に囲まれた女の姿が描かれている。この女性は「世界の処女」と知られるに至り、この「径」にさらに一つの意味をつけ加えている。というのは、これはマルクトに降りたつのであって、マルクトには、『光輝《ゾハール》』が最後のヘー、「娘」をあてはめており、この「娘」こそ至高の「シェキナー」が下位に反射したものであるからだ。このカードの四隅には、「黙示録」のケルビムの動物、人間、鷲、雄牛、獅子が描かれている。

第五章　アダム・カドモン

カバリストは十のセフィロトと「径」を分け難い統一体であり、アダム・カドモンと呼ばれるもの、即ち「天上の人間」を構成するものだと考えている。セフィロトとは、大宇宙において作用している宇宙原理と見なすことができる——大宇宙とは即ち普遍的実在であり、それに相当して、「上のごとく下もかくあり」といわれることから、特に人間にその反映があるといえる。この章においては、セフィロトを人間の本源に関連づける試みを行い、また神秘的心理学の様々な体系にある平行物、照応物を抜き出してみるつもりである。前二章にわたって示した主要なその属性を持つとされるもののいくつかを心に留めておいたなら、学徒は以下に記すことを理解するのに何の困難も感じないことであろう。

「人間とは何であるのか？　人間とは、単なる皮と肉と骨と血管だけの存在であろうか？

「否！　真実の人間を構成するものは、魂と、その他、皮、肉、骨、血管と呼ばれているものである——これらのものすべては単なるヴェール、外側を包むものであって、『人間』そのものではない。人間がその肉体を離れる時、その人は自分が包まれていたこれらすべての装いを脱ぎ去るのである。しかしなお、これら骨や腱や身体のその他の部分は、秘められた神の叡知のもと、天上の姿にならって構成されているのである。大きさにあって無限であり、すべての事物を被いとして包みこむ天上界を象徴している……骨と血管は聖なる戦車、人間に内在する力を象徴化して

	I	II	III	IV	V	VI	VII	VIII	IX
	生命の樹	占星術	神智学	ヴェーダーンタ	ラジャ・ヨーガ	ハタ・ヨーガ	エジプト	ラビの（校訂）	コラムVIIIの英訳
1	ケテル	海王星／♆	アートマ	アートマ	アートマ	サハスラーラ・チャクラ	クハブス	イェキダー	点もしくはモナド
2	コクマー	天王星／♅	ブッダ	アーナンダマーヤコーサ	カラノパディ	アジナー・チャクラ	クフ	キアー	創造的自我
3	ビナー	土星／♄	高次のマーナー	ヴィジナーナマーヤコーサ		ヴィシュダ・チャクラ	アブ	ネシャマー	直覚的自我
4	ケセド	木星／♃							
5	ゼブラー	火星／♂	マーナー		スクシュモパディ	アナハタ・チャクラ	セクヘム		
6	ティファレト	太陽／☉		マノマーヤコーサ				ルアク	知性
7	ネツァク	金星／♀	カーマ			スヴァディスターナ・チャクラ			
8	ホド	水星／☿	プラナ	プラナマーヤコーサ		マニピュラ・チャクラ			
9	イェソド	月／☽	リンガ・サリラ		ストゥロパディ	ムラダーラ・チャクラ	バー	ネフェシュ	無意識的もしくは（潜在）意識
10	マルクト	地球／🜂🜄🜁🜃	ストゥラ・サリラ	アンナマーヤコーサ			クハト	グフ	肉体

いる。しかしこれらは外側の被いであり、内部にこそ『神人』の深い秘密が存在する」（『光輝《ゾハール》』）

この『光輝《ゾハール》』からの引用こそが心理学もしくは聖霊論の一貫した体系を成さしめてきた原理であり、これは実際非常に異質なものであるため、神秘主義の一般的な概念に親しくない人々にとっては衝撃的であるかもしれない。しかし、精神と身体を経験を得るための道具として使う内在する人間という概念と、自意識という概念は、「太陽」の光を見たことのあるすべての神秘主義の体系において受け継がれてきているものなのである。神秘主義の様々な学派による人間の性質の分類はそれと反対に位置づけられるもので、十のセフィロトをその比較の基礎としている。

人間の分析において、カバリストは、人間というものが、物理的な肉体と緊密に結びつく自動的、もしくは習慣性の、もしくは欲望を持つ意識を持ち、その意識はその人間にある特定に志向する刺戟と意志作用をもたらすことを見出した。その働きが意識的な注意がほとんど向くことのない生理機能、例えば、血液の循環、心臓の拍動、吸排気による横隔膜の無意識の動きなどを司る、としたのである。カバリストには理性と批評の機能、即ち人間が前提から結論へと進む能力についても言及している。これの上に、そしてこれを超えて存在するのが「霊的」存在、この身体を用い、この欲望と理性的意識を用いるものなのである。

通常の分析においても、人間のうちにこれら三つの「生命」が現われることが明白である。先に述べたことを少し違った言い方をすれば、身体の生命、欲望と本能の宿主であり、全体で素晴らしい機構を持つ身体が存在する。人間のこの側面について、「ネフェシュ」、動物的魂——救われぬ魂——と名付けたカバリストがいる。次には人間の人格——「ルアク」、絶えず変化し、落ちつかぬ「私」、即ち我々の知るところの自分で、自分として意識しているものである。最後がより偉大な意識で、これらすべてを超越し、同時に包みこむもので、即ち「ネシャマー」、真の「自我《エゴ》」である。

「ネフェシュ」は、フロイト、アドラー、ユングによって部分的に研究され、その理論のすべてはともかくとして、その観察された事実はカバラの伝統と一致する。「ルアク」は哲学者の注意を集め、「ネシャマー」は残念ながらこれまで無視されてきた。

この分配は、人間の三重性分類と呼ばれ、正統キリスト教における「肉体」、「魂」、「霊」の概念と近しい。この概念において、付け加えれば、さらにもう一つの仮説がカバラには存在する。この分類における「ネシャマー」はヒンズー教のジーヴァトマ、魂即ち自己調整機能の概念と符合するかもしれないのだ。この哲学にあるパラマトマ——「超越自我」については、『光輝《ゾハール》』にそれと並行した「ツーレ」、即ち「オラム・アツィルト（第七章を見よ）」にあるその居所を決して離れることのない神聖、霊的、完全なる原型というものが存在している。ゾハーリストは「ツーレ」が霊的、磁力的なつながりで「ネシャマー」と何らかの方法によって結ばれていると見なしている。アイザック・マイヤーズはこの観点において、わずかながらも興味深い発言をしている。奉献によって魔術的意志は「ネシャマー」を登り「ツーレ」に至り、そこにおいて両者が統一されると彼は言っている。「より高度な原型の魂が覚醒されることとなり、神秘的影響によりそれらは互いに結びつけられる」この概念は「カバラ神秘学」のものであり、それにおいては歓喜の原理が主要な役割を持ち、ゆえに後の章にその説明を譲る。

カバリストはまた別の、人間の構成を見る方法を持っている——これはより実際的な観点からのものである。テトラグラマトンの術式と呼ばれるもの、即ちＹＨＶＨの四文字を人間の様々な部分に帰属させることに基づいている。最初のセフィラ、ケテル——「王冠」は一般にこの方法には含まれない。含む時には、単に「神」と呼ばれるか、もしくは統一のために人間が切望する生命の目的地とされる。

Y י はコクマーに与えられ、「父」と呼ばれる。インドの体系においては、アートマン、即ち「自我」に相当する。「母」がビナー、「聖なるシェキナー」であり、最初のヘー ה がその文字である。「因果のさや」がヨーガにおける相当物であろう。次が「息子」、ティファレトにあるとするものだが、実際にはそれはティファレトを中心もしくは基礎とする六つのセフィロトの集合に存在する。「息子」の文字は、V ו――スクシュモパディー即ち「精妙体」に相当する一般的概念である。さて、マルクト、「王国」は「救われぬ処女」と呼ばれ、「ネフェシュ」、人間の「動物的魂」、もしくはストゥーロパディーである。彼女が最後のヘー ה である。

「息子」はアウゴエイデス、「自ら輝くもの」、「人間の霊的魂」である。彼はまた、別の体系では「聖なる守護天使」であり、この特定の分類における目的では救われぬ「処女」、「ネフェシュ」は聖なる花婿、「全なる父」の「息子」、ティファレトに居る者と結婚しなければならないのである。この過程は「聖なる守護天使との会話と知識」の達成といわれる。これは錬金術的な結婚であり、天上界の「花嫁」、「花婿」の神秘的結婚式なのである。この統一によって「処女」が妊娠した「母」(アイマ、即ちビナー)となり、彼女と共に「父」は実際に自身を統一する――こうして、両者は「王冠」へと同化される。最後のヘーは「ネフェシュ」もしくは無意識である。通常は人間の意識精神、即ちヴァウ、「息子」は無意識自我と激しい争いをしており、人間の意識における全人格的な混乱と崩壊がその結果である。人間にとって最初の目的は、意識自我《エゴ》と無意識精神の和解と、両者の間の平衡要因を持つことである。(この概念は、R・ヴィルヘルムの『黄金の華の秘密』に寄せたユングの註解に見事に詳述されている。)この争いの通常の原因が失くなった時(もしくはこの古代の象徴主義が言う、ヴァウとヘーの結婚が成った時に)人間は「理解」を得ることができる位置にあり、また「理解」、即ちまた「愛」であるものから「知恵」が生じる。「知恵」とはY即ち「父」、コクマーである。人間のうちでの「知恵」と「理解」の合一から生命の目的が予見されようし、それから究極の目的地点が考察され、「聖なる統一」の成就へと続く一歩一歩が、危険も怖れもなく、また通常の人格にある争いもなく開始されよう。

ちなみに、強い力を持つ魔術の術式はこの分類から発したものであることを付け加えておく。

もう少し哲学的で、より多くの人が選んでいるまた別の分類が存在する。それは本質的には前述したラビ・アザリエル・ベン・メナハムによってヘブライ語で書かれた『十のセフィロトに関する注釈』から生じたものである。彼は自分自身を哲学者、カバリスト、タルムーディストと見なしており、〈盲人のイサック〉、ジェローナ・カバラ学派の創始者の弟子であった。前記の注釈書は驚くほど明解かつ学問的に書かれており、その分類は全く満足すべきものである。

彼の分類においては、人間を六つの違った相を持つ存在としている。ラビ・アザリエルが人間のこれら六つの分割がそれぞれバラバラにして別々のものにできることを言っているのだというような幼稚な想像をしてはいけない。六つの分割は、一つの存在の六つの相にしかすぎないし、その存在の本質は意識なのである。全体としての「人間」は、彼の様々な機能と能力とセフィロトを含み、完全なる「統一体」であるのだ。

ラビ・アザリエルはセフィロトの「至高なる三組」をいわば「不死人」とみなしている。ケテルはモナド、引き伸ばされもせず分割もされない霊力と意識の中心――「イェキダー」であり、これは「唯一なるもの」、「特異なるもの」と訳され、即ち「真の自我」で、折々に「生あるもののなかで喜びを得るため」に肉体を持つ「不死なる霊の巡礼者」なのである。人間を神性のすべての他の閃きと同質のものとし、また同時にその個人的な観点との関連をもって異なるものとするのは意識のその本源的な点にあるのだ。これを人によってはクハブス、即ち「星」と呼び、これについては以下のように記されている。「ゆえにクハブスを崇拝せよ。そして私の光がおまえを照らすように掲げよ」これはヒンズー教におけるアートマン、「宇宙的大霊《オーヴァーソウル》」、すべての存在の中心にある「自我」であり、そして「生命」、「光」、「愛」そして「自由」の永遠の源である。

ケテルには、この特別な照応物の組においては惑星「海王星《ネプチューン》」があてられる。これはヌイト、「無限空間」の人格化の、いわば副摂政といえる。かくてこの惑星は遠く離れて孤独であり、夢と幻想と願望とそして神聖のうちにひそむのである――地上のつまらぬ些事からはるかな高みへと超えて。ここにまたチャクラの最高のもの、サハスララがその属性を持つとされ、啓蒙された賢者が千と一の花弁を持つ水蓮に例えられている。

顕現と物質への下降にあって、イェキダーは「理想的」性質の「創造的」な乗物、「キアー」を加える。キアーは「意志」即ち独自の「観点」を持つ創造的衝動である。その神智学協会における呼び名ではブッディ、アートマンの直接の霊的乗物である。ヴェーダーンタ哲学の用語ではアーナンダマーヤコーサ、「至福のさや」である。ラージャ・ヨーガにおいてはカラノパディ即ち「因果」の道具もしくは乗物である。そのチャクラもしくは星幽《アストラル》神経の中心はアジナで、二つが平行しており、頭蓋骨のなかの松果腺の中、もしくはその近くにある。その松果腺は退化した第三の目で、真実の霊的透視力もしくは直観のための身体器官だと主張するオカルティストもいる。その惑星は「天王星《ウラヌス》」で、愛他主義と人間の裡にある魔術的力を象徴しており、それは善と同様に無名の悪をも成さしめ、なおかつ不可欠で人間の存在に必要なものである。さらに、贖罪をも成すことが可能であり、贖罪のすんだ時には、可能な善にとっては最大の力となるものなのである。

不死なる存在の第三の面はネシャマー、即ち「直観」で、「モナドの意志の理解」のための能力である。神智学においては「高次」のもしくはブッダのマナスで、これはアートマ・ブッディと共に高位で高貴なる神であり、人間の

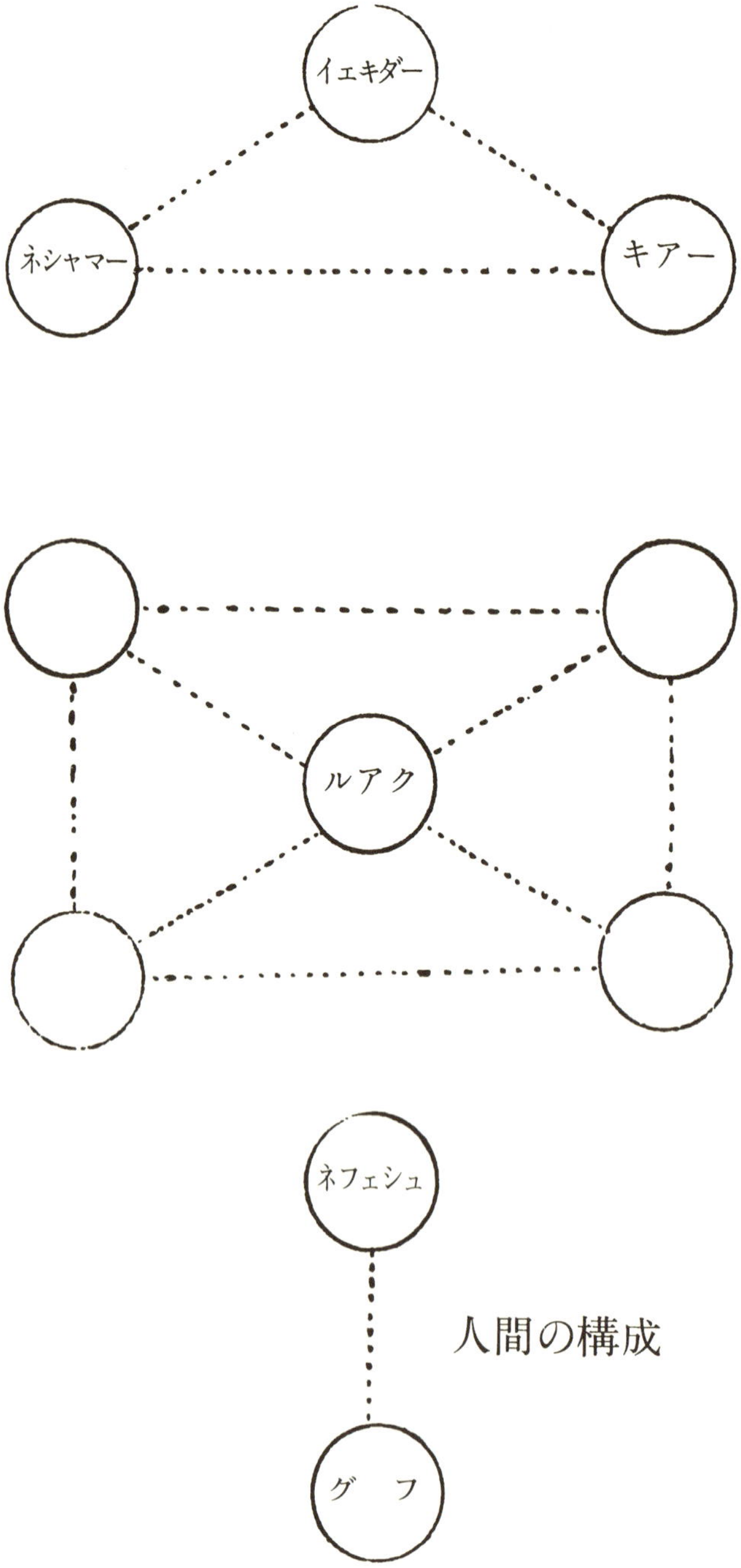

人間の構成

原始の種の狂暴な姿をとって人間に精神を授けるために現われた。マナサプトラは「太陽」と「水星」両方と関連を持つ。ヴェーダーンタ哲学ではこの原理をヴィジナーナマーヤコーサ、「知識のさや」と呼んでいる。ヨーガにおいてそれと相当するチャクラはヴィシュッディで、微妙なる肉体の喉頭と反対にある脊柱にあると言われている。

この最初の霊的モナド、その「創造的」乗物、「直観」から成る三組は、哲学的に「超越自我《エゴ》」と名付け得る統一的総体の「統一体」を形成する。これは無類の様式を持つ「統一体」であり、その属性を持つとされるものは人間の部分よりは、たぶんセフィロトにあてはまる三つのヒンズー教における本質、サッタ、チッタ、アーナンダ、即ち「総体存在」、「知恵」、「至福」である。

真実の人間の「低い所」にあるのは滅びやすい部分――いわゆる下級の自我である。「低い所」や「下級の」という単語はもちろん形而上学的に用いられているのであって、読者諸氏は、ここに数え上げた人間の部分が、例えばタマネギの層のように互いに重なり合っていると想像するようなことをしてはならない。それらは、現象空間に関する限りでは互いに浸透しあっているのである。ブラヴァツキー主義者の四界についての金言はこれにおいて当てはまる。これらの様々な原理は結合してはいるが、同体にあるのではない。

上位のセフィロトは真実であり理念的であって、七つの下位のセフィロトは現実のものであると見なせようし、理念と現実との観念的概念の間にある間隙は、すべての事物が存在する――しかしそれ自体に意味を持たないでいる「深淵」と相当すると言えよう。「深淵」はすべての影響の源であり、いわば現象の貯蔵所である。

「深淵」の下には「ルアク」、即ち「知性」、人間の事物に気付き、欲し、得ようとする個人的意識である。これは「自我」によって「宇宙」の本質を調べるために創られ、進化され、改良された「機械」である。人間における、感覚、知覚、思考、感情、欲望から成る部分である。ブラヴァツキーはこの原理をマナス、もしくはむしろ、下位のマナスと呼んだ――これはカルマの本質に「最も近い」マナスの相である。ヴェーダーンタ哲学においてはマノヤマコーサ即ち「知性のさや」であり、ラージャ・ヨーガでは「ネフェシュ」をスクシュモパディと呼び、その特徴のいくつかに含めている。

ルアクは第四、第五、第六、第七、そして第八のセフィロトより成り、それらの属性は順に「記憶」、「意志」、「想像力」、「欲望」、そして「理性」である。

「記憶」こそが意識の本性である。これは、話言葉で言えば、精神という構造物にとっての漆喰であり、様々な感覚と印象をすべてとりまとめる統一能力である。「意志」は欲望によって動かされ、欲望に匹敵する無色な原理である。それは行動においての霊的「自我」の力である。通常の生活では、そうあるべきであるにもかかわらず、人間の下僕ではなく、人間が常に逃れようと試みているまさにその事物に人間をつなぎとめている鉄の鞭である。

「想像力《イマジネーション》」は非常に誤解されている能力で、ほとんどの人がそれを白昼夢のために用いるただの夢想《ファンシイ》とみなしている。しかしながら、実際は最大の能力であり、それは「意志」と共に魔術即ち「実践的カバラ」において最高に重要であるからなのだ。

「感情」、もしくはカルマの「神智学的」原理（ジグムント・フロイトのいう「無意識《イド》」）は「ネフェシュ」に完全に服従させられるか「ネシャマー」にコントロールされる欲望もしくは感情の要素である。

「ルアク」の理性と能力は既に先の章――『ピット』において考察した。「神智学協会」における最初期の創設者の一人であり、ブラヴァツキー夫人の協力者であったウィリアム・Q・ジャッジは彼の『神智学の大洋』で理性と冷たい論理能力はマナスの最も低次の側面にすぎないと言っている。そしてこれは、「生命の樹」を参照すれば明白なことである。「理性」はセフィロトの第八にすぎない。ルアクの高い部分は「想像力」であり、「意志」と共に霊的になされた時に、これら二つの能力は前記のように魔術に関する限り最重要のものとなる。しかし、それでもその二つは「ルアク」である。それらの霊的照応物は「コクマー」と「ビナー」、「知恵」と「理解」であり、もしくは「キアー」と「ネシャマー」、「真の創造的自我」と「直観的自我」である。「ルアク」が「思索者」の最も低い側面であるという想定は哲学の歴史により実証されるであろう。分析してみれば、知性の本質は、ちょうと外体の特質が理解し難いのと同様に見えるし、哲学者のある者達はこの事実を悟り、そして精神が意識の状態の継続にすぎず、様々な関連を連合した並列であることを経験し、「魂」の存在は立証されないと考えた——これは、「魂」の観念を、「魂」が用うる精神の道具と混乱しているのである。ヒュームとカントの両者はその固有の自己矛盾的性質を示したが、前者は、影響を通じて流れる不変の統合原理を理解していなかった。ゆえに、彼が論じたのは——彼の「ルアク」を用いてであり、これはそのような点においては不適当であるもので、その理由はそれが本質的に自己矛盾であるからである——「魂」は、印象や感覚ではなく、また内省する時に分析のためにそこにあるとは指摘できぬもので、存在しておらず、それが「魂」、もしくはカバリストが言うところの「深淵」の上の「真なる人間」で、内省し、そして自分自身の「ルアク」の内容を調べているものであるという事実をも常に忘れているのか、それともたぶん自覚していないものである。

「ルアク」とは偽りの、もしくは経験主義でいうところの自我《エゴ》である。それ自身を「私」と呼ぶのは我々のその部分であり、また「私」ではないものこそまさにその原理なのである。その気分は年がたつにつれて変化してゆく。さらに、その内容は、一分ごとに決して同じことはない。「ルアク」が我々の上にかけた魅惑的な束縛を破壊し、そうして「ネシャマー」とより高次の原理の光が通うことを成して我々の精神と日常生活が照らされ得るようにすることが、「神秘主義」の最重要な意義を持つ課業なのである。事実、この偽りの自我《エゴ》（ビトル・ホエシュ）の放棄こそが、す

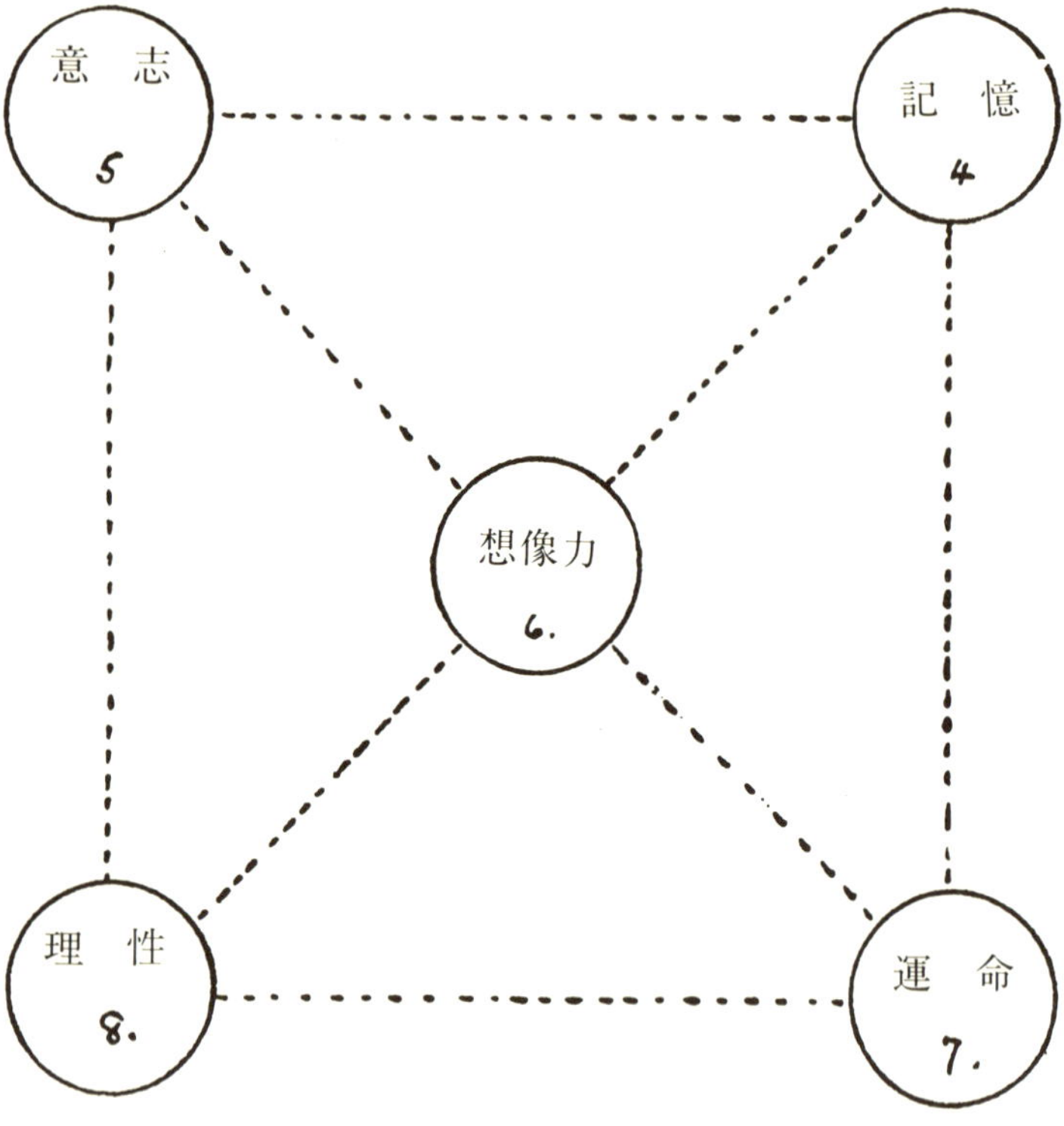

ルアクの機能

べての精神的発展の本質的達成なのである。

カバリストによっては、ダアスというセフィラ、即ち「知識」がビナーとコクマーの子、もしくは「ルアク」の昇華物として、人間の進化の発展途上における発達能力であり、「深淵」に現われると考えられることを主張している。しかしながら、これは偽りのセフィラであり、『創造の書』はあらかじめ、「言い難きセフィロトの数は十である。十であって九ではない。十であって十一ではない。『知恵』を持って理解せよ、そして注意を持って悟得せよ」と、最高の表現で我々に注意している。それは存在していないセフィラで、なぜならば、まず一つに、「知識」は調べてみればそれ自身のなかに――「ルアク」の結果として――自己矛盾の同じ要素を含んでいるし、「深淵」に置かれていれば、離散と、ゆえに自己破壊の要素も含んでいるからである。ダアスは偽りであり、なぜなら、批判的かつ論理的に知識を分析してみれば、それは「深淵」の塵と砂に崩壊するからである。

しかしながら、今述べた様々な能力の統一体が「人間の魂」と呼ばれる「ルアク」を形成しているのである。

次の原理が「ネフェシュ」、霊の野蛮な側面で、グフ即ち身体と共鳴《アン・ラポール》する生命を司る要素で、物質的生命のすべての本能と要求の原動力である。これは魂の獣的側面で、外部の実際宇宙の物質的諸力と最大に接触する要素である。「ネフェシュ」は実際には二重性の原理で、その二つの相とは(a)ヒンズー教でプラーナと呼ばれるもので、電気的、動的、生気を与える、生命である要素と、(b)「星幽体」(ツェレム)から成っている。カバラにおいてはこれらは一緒に「ネフェシュ」の称号のもとに見なされ、なぜならばプラーナの活動は星幽体の媒介物なしでは知ることもできず不可能でもあるからだ。『光輝《ゾハール》』には「魂」もしくは「霊体」が包まれたさやについて言及した箇所があり、非常に特徴的な用語を使って星幽体について述べている。

「一つの外側のさやが存在し、存在していない。そしてそれは見え、見えない。そのさやのうちに、『ネフェシュ』

は隠され、そのなかに彼女は世界のなかをそここへと往き飛ぶのである」

別の箇所には、疑いようのない、星幽体についての主張がある。

「『ソロモン王の書』のうちにこそ見出されよう。即ち下における統一が達成される時、『聖なる者』、『祝福されたる者』が、デヨオクナ、幻影、それとも映像を、人の姿に似せておくのである。それは『神の姿』(ツェレム)に似せ……ツェレムのうちにこそ人の子供が造られるのである……このツェレムのうちで、成長とともに彼は発展し、そして再びこのツェレムとともに、この世の生命より離れるのである」

星幽体の仮説は、この物理的な身体の内に我々は「何か」物質と違ったものを見出すことから生じたものである。何か変化していくものであることは真実であるが、生まれてから死ぬまで唯一で同じものなのである。「ネフェシュ」はイェソド、☽「月」にあり、それはその属性を持つとされるものが「変化のなかの持続性」である基礎である。この「何か」が関連するのが「ネフェシュ」であり、物質的な身体はその上に築かれているのである。というのは、カバラでは身体を一時的なものであり、永遠の流転のうちの一つの状態と見なしているからである。それは一瞬たりとも同じものでなく、七年以内に全く新しい微片の一揃いを持つ。この原子その他を絶えず放出することにもかかわらず、誕生から死まで何か一定のものがあり、それは、その相を少しずつ変化させながらも同じものであり続け、生涯においてその身体にある程度一定の外観を与え続けるのである。この星幽体ダブルは「光体」とも呼ばれ、物質的身体からは総体に異なった物質で構成され、稀薄で、磁気的、電気的である。「ネフェシュ」は身体と「ルアク」の連結を成すもので、時間を展開して、ある人間の誕生から死までのイメージと幼年期、成熟期、老年期のすべての特徴と特質を心に浮かべれば、その概念は、星幽体、もしくはヴェーダーンタ哲学のいうプラーナマーヤコーサの観念を我々に伝えてくれるだろう。

グフ、物質的身体の原理は、マルクト、「王国」に帰属し、四元素の球であり、註釈や描写を加える必要もないだろう。魂が身体に及ぼす支配力のある影響力と、「真の人間」によって浸透され、「真の人間」が各部分にまであふれる身体についてつけ加える必要があるだけであろう。『創造の書』は「樹」に対して、人間の様々な身体的機能を帰属させる精密な一揃を作っているが、現在の目的にはさしたる重要性がない。

私はここで「教理的カバラ」と呼ばれる様々な問題と教理、例えば「宇宙と人間の進化」、「再生」、「応報」に当てはまる「因果関係」について論じるのをやめよう。なぜなら、もともと「ルアク」がこのような問題をあつかうには不適当であることを主張してきたし、これらの点について解説しようと試みることは役に立たないからである。特に、『光輝《ゾハール》』と『光輝《ゾハール》』以降の「ギルゴリム」、「再生」の概念に関することを考えてみれば、そういうことができる。

非常に多くの、いい加減な思考と不当な推測が、深遠なる教理のこの相に関わるカバラ文学を特徴づけており、私は、深く充分に自分のものとした比較哲学と深遠な教えの知識によってのみ、例えばラビ・アイザック・ルーリアの『ギルゴリム』から、何らかの意味と知的満足を得ることができると、これまでになく感じている。どんな場合においても、この教理やその他これまでに述べた数々のものは、「真の意志」を理解し、またその者自身が「不死なる存在」、無限の天上界を妨げられることなく、存在から存在へと進む「星」であることを知るに至った者だけが——単に合理的な方法だけでなく、「エシュ・ハ・ルアク」、即ち直観的、霊的な経験の結果——解読し、理解し得るものなのである。

第六章　文字に関するカバラ

前三章においてカバリストの用いる哲学文字について短い記述をしたが、きわめて異類な事項をまとめあげる一連の照応物は、その他には例がないほど研究と記憶を単純にするために、そのアルファベットのそれぞれの文字に体系的に位置づけられている。ここで再び強調しておかねばならないことは、これらのその属性を持つとされるものが例え部分的にでも記憶され、また多くの新しい照応物がそれぞれの学徒の好きなように記憶のうちに配置されない限り、ほとんど何の利得もないであろうという事実である。「樹」は必ず自分自身の心のうちに育てねばならず、そうすることによって、たとえその根が我々の体にしっかりと根付いていたとしても、その梢は高くそびえて優しく揺れ、霊的世界にそよぐ西風になびくのである。

カバラ的概念を応用する幾つかの方法をこれから示すが、読者諸氏は、それぞれの文字がそれに帰属される数、象徴、タロットカードを持つことを決して忘れてはならない。カバラを研究したラビ達は、単なる表面的な数字やそれら数字を組み立て表示する文字の値の裏に非常な興味と重要性とを見出し、それまでの数学と全く異なった数理概念を持つ複雑な科学を次第に発展させた。彼らは、主要目的として彼らの書物に秘められた意味を発見するために、数の解釈の様々な方法を工夫したのである。

ゲマトリア

まず最初の方法はゲマトリアと呼ばれ、文字によって表わされた数字を意味するギリシアの語根からきている。ゆえに、ゲマトリアとは、それぞれの文字が持つ数字としての値から単語に秘められた意味を見出す技術なのである。その手順の方法は、ヘブライ語のそれぞれのアルファベットが数字としての明白な値を持ち、数字としても用いられているという事実に基づいている。どんな単語でも、その単語の文字の値を総計したものが、別の単語の文字を総計した数字と等しい時、その意味や訳語がどれほど異なっていようが、二つの文字に近しい相当関係と共通が見出されるのである。

例えば、נחש Nachosch、「蛇」の総計は358である。ש300＋ח8＋נ50＝358。また、משיח救世主の総計も358である！ ח8＋י10＋ש300＋מ40＝358。理論的には、何か確かな関連があるといえようが、その関連はどうやって見出されようか？

「蛇」はクンダリニーの象徴であり、クンダリニーは、それぞれの人間に備わる霊的創造力であり、訓練された意識によってその力が発現した時、その人間は完全に再構成されて「神の如き人」となるのである。かくて古代インドの「秘儀参入者」は自らをNagas即ち「蛇」と呼んだのであり、すべての時代のすべての国にある「蛇崇拝」は（単なる男根崇拝とは異なって）考古学者達にとって問題となりつづけているのである。ナーガNaga、もしくはナージャNajaという言葉もまた、私の知るところでは古代エジプトの神殿にある楔形文字の書かれたタブレットの上に見出されるという。その神殿においては、オシリス、「太陽神」が始原の深みより昇る時に歓乎されるという。「新参者」は、秘儀参入にあたってオシリスに献じられ、三日間続く深いトランス状態になるのだが、太陽光線が彼の縛られている十字架にあたる時に栄光をもって報われ、ウレウス・ナージャ Uræus Naja 即ち大宇宙の意義と霊的知識の紋章のついた頭飾りを与えられるのである。

さらに、3と5と8の数字を加えると16になる。十六番目の「径」の照応事項を見れば啓発的な帰属物をいくつか見出すことができる。それはテトラグラマトンの「息子」――ディオニュソス＝ザグレオスである。また、「秘儀の司祭」即ち「救世主」、存在の神秘を解くことが可能にしてまた贖罪の奇蹟を成すパルシファルである。

このように、我々は、カバラが明かすことを可能にした「蛇」と「救世主」との間にある明白な共通点を理解することができるのである。

シンの「径」に関わることについては、先にこの「径」の総体的な含意は「聖霊」の下降だと述べておいた。与えられた他の情報を抜きにして、どうして我々はそのような結論を確かめることができるだろうか?

ヘブライ語の文字 רוח אלהים、ルアク・エロヒムは「神々の精神」とでも訳せよう。ゲマトリアによってその数値が300であることが確かめられる。シンの文字もまた数字としては300であり、ゆえにこれらが同一のものであることが理解できるのである。

もう一つ、少し違った方向においてゲマトリアの過程を応用する方法がある。ブラヴァツキーは『シークレット・ドクトリン』のなかで、フォハットは大宇宙を動かし推進する活力を与える電気的原理であり、磁力と電気はその固有の現象だと書いている。その記述と説明の比較から、フォハットはシャクティの機能と性質に非常に類似していることがわかろう。シャクティは、既に述べてきたように、我々のいう第三のセフィラ、ビナーと関連づけられる。しかし、この帰属物を見出す方法がもう一つあり、それはたとえ比較すべき「樹」における既知の性質の記述を見出すことができない時でも可能なのである。

フォハットをヘブライ語に逐語的に移せば、פעהאטとつづることができる。これのゲマトリアは、פ80＋ע70＋ה5＋א1＋ט9＝165 である。ヘブライ語の単語חזקים、「カゾキム」は「力」もしくは「エネルギー」を意味し、これもまた165の値を持つ。(ם40＋י10＋ק100＋ז7＋ח8＝165) このようにフォハットと「力」もしくは「エネルギー」の概念との間にある結びつきを発見することができ、その事からだけでも我々はフォハットが好戦的性質を持つことが推測できる。

さて、我々はさらにこの哲学文字の詳細の応用を続けることができる。1＋6＋5＝12である。1＋2＝3であり、これはビナーの数字であって、また我々が見てきたように、ビナーにはシャクティがその属性を持つとされる。フォハットの別のつづりはפהאטである。その数値はפ80＋ה5＋א1＋ט9＝95 であり、これはヘブライ語で「海」を意味する単語המים「ハ・マイム」の数値と同じである。「大いなる海」は既に触れたようにビナーの照応物の一つであり、ビナーはシェキナー、「聖霊」であるだけでなくシャクティでもある。

9と5を加えることによって14となる。ヘブライ語の単語דודDódもまた等しく14である(ד4＋ו6＋ד4＝14)。その意味は「愛」であり、もちろん「大いなる母」と調和し、これがフォハットの意味するものの一部であることを我々は推測することができる。この愛は、現象界において物体と微小片との間の結合力もしくは牽引力として現われる磁力として解することもできよう。

ここまで書いてきて、筆者は『シークレット・ドクトリン』のフォハットに関する項目を調べたのだが、なんとブラヴァツキーはエロス、若き「愛の神」をフォハットの照応物としているではないか！　筆者は、この単語を数字として調べているうちに、この事実をすっかり失念していたのである。さらに、ブラヴァツキーはどこかで、大宇宙とフォハットの関係は小宇宙とカルマ即ち個人的欲望と情熱の原理に等しいと書いている。ゆえに、象徴はすべて完璧に符合するようである。

しかしなおもこれを続けてみよう。1と4を加えれば5となる。「5」はゲブラーの球即ち♂「火星」である。読者諸氏は、このセフィラがより低い次元においてビナーに帰属する力の要素を繰り返していることを思い出すであろう。

これはまた別の方法で証明することができる。それは単語のそれぞれの文字を個々に分析する方法である。פ Fは♂「火星」であって、「力」と「野蛮なエネルギー」の意味を暗黙のうちに伴う。ע Oはプリアポス、ギリシアにおける生殖力と多産の神である。Hは♈「白羊宮」であり、♂「火星」を強調する。そのタロットカードにおける帰属物は「皇帝」で、そのなかに隠されたサルファー即ちヒンズー教のラジャのグナが見出される。卐Aは逆まんじを伴うトールで、天上より雷電と稲妻を投げかける存在なのである。アレフはまたプリマム・モビルのうずまく力であり、宇宙塵を星雲と成さしむるものである。ט Tは♌「獅子宮」、「獅子座」であり、そのタロットにおける帰属物はⅧ――「剛毅」である。これらの照応物はすべて強さと力の全般的な意義を繰り返し、ブラヴァツキーのフォハットに関する記述と一致する。

上記の方法は、いかにカバリスト達が最初は未知数の物である単語の意味を見出すにいたったかを説明するであろう。

ノタリコン

カバラにおいて用いられる釈義の第二の方法はノタリコンで、ラテン語で速記を意味するノタリウスからきている。この方法により、存在する幾つかの単語の始めや終わりの文字を用いて組みたてることで全く新しい単語を作ることができる。ある単語のそれぞれの文字を交互にとり、それぞれを別の文字に拡大すると一つの文意を見出すことができる。

例を挙げよう。第一章においてカバラの教義を哲学体系とし、「コクマー・ニストラ Chokmah Nistrah」即ち「秘められた知恵」と呼ばれることを書いた。この二つの単語の最初の文字をとるとヘブライ語で「恩寵」を意味する חן chén となる。その含意は、カバラの神秘的なる知恵を研究することにより天上の神の「恩寵」もしくはシェキナーが授けられるというものである。

もう一つの方法は即ち最後の文字をとるものである。חלון Héh は「窓」を意味し、カバラこそ人間が存在の真の意味を直視することができる窓であることを示している。

さらに、先に述べたゲマトリアの方法がノタリコンの結果に応用できる。Chén の数値は ח 8 + ן 50＝58で、「我が力」を意味する חיל Chili の数値と等しい。カバラの教義とは人間の内なる生命の力であり、支えなのである。Héh は ה 5 + ה 5 ＝10 である。「飛ぶこと」を意味する גבה Gevoh という単語があり、これも総計が10である。読者諸氏はこれらの意味と結果をすべてまとめあげることができよう。その総計こそが「秘められた知識」の真の意味と目的の概念なのである。

אגלא AGLA、「能力」という単語は実践的カバラの儀式においてしばしば用いられるが、この語は אתה גבור לעולם אדני アトー・ギボール・ル・オーラム・アドナイ Atoh Gidor Le Olahm Adonai、即ち「主よ、汝が業は永遠なり」と訳すことができる四語の最初の文字から成っている。

カフという「径」は無限の男性的気前よさと「自然」の豊かさを含意すると説明した。そしてまた「サンサーラの輪」による再生、即ち我々を思うがままに存在から存在へと投げこむものを表わすとも説明した。この概念はノタリコンによって展開することができる。

カフをヘブライ語でつづると כף となる。最初の文字 כ はたぶんギリシア語の単語 *κτεις* を意味するのであろうし、最後の文字は *Φαλλος* の *Φ* を意味するのであろう。これが意味するのは、性的結合は「自然」の無分別なほどの気前のよさの道具であり、その気前のよさこそ我々を存在の輪に縛りつけ、そこには喜びと悲しみ、即ち誕生と死が伴うのである。

周知の単語アーメン（Amen）は אדני מלך נאמן「主、信義溢れる王よ」の最初の文字をとったものであり、この言葉によりヘブライ語の Schemah と呼ばれる祈りが始まる。

テムラー

第三の方法はテムラーと呼ばれ、「置換」を意味する。単語の文字はある限定された構成に従ってアルファベットのその文字の前後の文字と取り換えられて、新しい単語が作られる。

「アルブム Albam」として知られる一つの方法は、次のようにアルファベットの最初の半分を上に、残りの半分を下に置く方法である。

א	ב	ג	ד	ה	ו	ז	ח	ט	י	כ
ל	מ	נ	ס	ע	פ	צ	ק	ר	ש	ת

上段の文字は下段のものと入れ換えられ、下段のものは上段のものと入れ換えられるため、様々な置換がおきるわけである。

筆者がいくらか師事したあるカバリストが興味深い例を挙げている。משיח Messia という単語は、今示した置換方法で בישק Bishak という単語に換えられる。MはBへ、shはY（もしくはI）へ、Yはchへ、chはQへと置換されるのである。

これを書いている現在、手元にヘブライ語の辞書がないために筆者は מישק のような単語が存在するかどうかを調べることができない。しかし、ヘブライ語文法の知識少々とカバラ的照応物の知識があれば、その困難をすぐに克服できるだろう。

最初の文字 ב Bは、「in」、「with」、「by」の意味を持つ前置詞的接頭語として解釈できようから、ישק Yishak の三文字が残る。この三文字の数値の総計は410である。（י 10＋ש 300＋ק 100＝410）さて、ヘブライ語の単語 Qadosh の数値の総計も410で、これは「聖者」「神聖」を意味する。これは明白に元の単語 Messiah と調和する。「救世主《メシア》」が神聖さと清浄さを伴わずに来たることがあろうか。

前記の文章を書いた後に、筆者はヘブライ語の辞書を引く機会を持った。その辞書にはより確証的なことが見出された。ישק はまず未来時制の動詞であり、三人称単数で、すべての可能性からいって「燃える、火をつける、ともす」という意味の語根から派生している。

これらの語すべては、神聖さを伴う「救世主」もしくは「熟達者」の一般的含意と良く一致している。というのは、これらの語は、「神の如き人」即ち再生し、啓発された「熟達者」であるその人の状態に帰属する事物を象徴化しているからである。彼の心のうちに「魂」の炎はともされ、額の上にこそ「銀星」の軟かい光が確かに輝き——彼の「光が前方に輝く」のである——、頭上にシェキナーの降りたつ千と一の花弁を持つサハスララ・チャクラの水蓮が燃え、ここにアドナイ（ヘブライ語で「わが主」を表わす言葉。テトラグラマトンを発音するかわりに用いられる）は神々とたわむれるのである。

前述した文字分析の方法が総体的な概念の理解を助けるだろう。ב Bは☿「水星」、「魔術師」で、手には「聖なる意志」と「知恵」を表わす「杖」を持っている。ק Yはタロットの「隠者」であり、清浄さと霊的処女性の象徴でもある。ש shは「聖霊」、魔術師の儀式において生じせしめられた「聖なる自我」である。ק Qは♓「双魚宮」、「魚座」で、再生した性的能力即ちリビドーを表わし、これはブラヴァツキー夫人によれば電気的霊力でありまた原始の創造力であるクンダリニーへと変化する。

קשיב は412の数値を持つ。（ק100＋ש300＋י10＋ב 2＝412）יהשוה אלהים イェヘシュア・エロヒム Yeheshua Elohim という語は、「イェヘシュア Yeheshua（即ちイエス）は神である」と訳され、同じ数値412を持つ。すべての照応物のなかでも「救世主」の概念を伴うこれは最も明白なものである。主に聖書に関する多くの例が、カバリストの入念細心の苦心と創意により明らかにされている。しかしながら、私はそれらがここにあえて記述するほど重要なものであるかどうか疑うものである。

ここにおいても幾つかの注意書きが必要となった。なぜならこの書物にイエスの名が記されたからである。筆者はイエス即ちキリスト教徒にとっての個人的神聖者に関わる論議の渦にまきこまれることを望んではいない。また、イエスが本当に生きていたのか、イエスが偉大なる熟達者であったのか、また高等批評（聖書の文学的歴史学的研究）の解説者が言うようにイエスは単なる太陽神話であったのかというような論証法にふけるつもりもない。カバラは、יהשוה イェヘシュアの名が最も重要な公理を記述している哲学を表わすがゆえにその名を用いるのである。この点をこそ記憶しておかねばならない。その名はある明確な典型を示すのであって、個人を示すのではないのである。

テトラグラマトンの יהוה YHVH の文字は四元素のあらゆるものを含意するために用いられている。י Yは「原型領域」の創造的機能として「火」、キアーである。最初のה Hは「杯」を表わし、「創造世界」の受動的性格の象徴である。そして「水」、ネシャマーである。ו Vは「息子」で、「父」の活動的な副摂政であり、「大気」、ルアクである。最後のה Hはネフェシュである。即ち受動的、受容的な「大地」で、すべての事物がここに結実するのである。

テトラグラマトンはこれらの説明すべてより成り、カバラでは、再生されざる人間を表わすと考えられている。その人間とは、完全に肉体のうちでのみ生きているもので、食べ、飲み、性交その他を為すものである。「聖なる自我」即ちイェキダーはその人間のうちで未だ発現していない。

「瞑想」と「実践的カバラ」の実践過程において、人間は再生し、また自らを純化することによって「聖霊」へと自分を開き、「聖霊」によって新たな生命の活力を与えられて、自らのうちに「肉体」を成す「言葉」が実証される生き証人となるのである。

「聖霊」即ちシェキナーは、これまでに見たように、ש シンの文字で表される。ゆえに、人間が「霊的自我」、彼の「聖なる守護天使」に呼びかけ、「知識」と天使との「会話」を得た時、その過程はテトラグラマトンの基本的名称 יהוה の中央への、ש シンの下降と記され、そうすることによって新しい単語 יהשוה イェヘシュア、ペンタグラマトン、即ち霊の誕生によって、事物の基礎と救済されぬ要素が平衡した新しい存在、「熟達者」即ちツァディクの象徴が作られる。

公正ではない批評家が主張するようなキリスト教的な傾向はこの解釈のうちには全く見られず、象徴化は神秘的体験にある真のできごとと考えられるものを図式的に記述するために用いられているだけで、新約聖書の中心的長《おさ》への何の言及もないのである。この注意書きは、ユダヤ教徒かもしれない読者の安心のために書かれたものである。

ペンタグラマトンについて言及した以上、その意義について少々説明をしておくべきであろう。実際の幾何学模様への配置は次のようなものである。

ヨッドは「火」、ヘーは「水」、頂点にあるシンはシェキナー、「聖霊」、ヴァウは「大気」、最後のヘーは「大地」、即ちその他すべての要素と原理の統合物を表わす。この象徴は即ち人間の構成物すべてを示すのである。読者諸氏のなかで儀式魔術、特に「霊視」におけるスクライングに関する過程に詳しい方は、この五芒星が、思うがままに「星幽界」の霊を呼んだりする力を持つことを想起されるだろう。それが確かに真実であることは、結局、五芒星がこの宇宙で並ぶもののない力を持つ完全に啓発されたる人、即ち「ツァディク」、「熟達者」による幾可学的縮図《エピタミ》であるという事実に帰するのである。

* * *

ヘブライ文字についての文法的忠告も、ささやかながら非常な重要性を持つものである。その概念についての例証を挙げることにしょう。

ある非常に博学なカバリストがエイワスという超人間的存在の名をヘブライ語になおそうとしたことがあった。もちろん、なぜそのカバリストがその名をヘブライ語にしようとしたかを論じる余地も時間もないが、とにかくその名は418の数値を持つのである。筆者が大いに尊敬するこのカバリストが、三十二番目の「径」、ת タウに関する注意書きを知っていたさえしたなら、彼は数年間の努力を無駄にすることはなかったはずである。なぜなら、この文字は、ドーギッシュがない時に「S」として発音されるからである。Aiwass は以下のようにつづらねばならない。

ת 400＋א 1＋ו 6＋י 10＋א 1 ＝418

カバラの用語に詳しい読者諸氏は、拙著において ספירות は「セフィロス」(*Sephiros*) と表記され、「セフィロト」

(*Sephiroth*) となっていないことに気づかれておいでだろう。最後の文字にドーギッシュは用いられず、ヘブライ語文法でもそれは不可能なこととなっている。ゆえに、その発音は「S」なのである(この事項については巻末の解説参照)。

ゲマトリア、ノタリコン、テムラーの手法について評釈したこの章を終えるにあたって、次のことを述べておいた方がよかろう。即ち、いわゆる普通の人間にとって、この手法はほとんど、もしくは何の実際的な用益とならないのである。これらは、この小論を適度に理解しやすくするためだけにここに収められているのである。

明敏なる読者諸氏には既に明らかかも知れないが、もちろん、結果だけに関する限り、まさに今述べ、そして結論したこととは正反対の、人間の生み出すことのできるうちで最も偉大な可能性が存在してはいる。言葉を換えれば、これらの手法は、純粋に恣意的なものと思われるのである。

これと関連して思い出した金言で、仏陀のものだと思うが、アラハトだけがダンマの素晴らしさを完全に理解し得るというものがあった。この言葉の持つ含意は同様に、そしてより一層の強調を持って、カバラへと当てはめることができる。筆者の信じるところでは、もちろん知的学徒も同意見であろうが、「知識」の明かりが心のうちに燈され、「聖なる守護天使」との「会話」を成した「熟達者」もしくは「ツァディク」のみが正しい方法で——そこには恣意的要素の入る余地のない方法において——ここに示した三つの過程を実用することができるのであろう。なぜなら、「熟達者」は単なる文字と外見の「法」の姿を越えて見通す内なる霊視力を持っているからである。シェキナーの陽光を浴び、これらの「曲芸」——他にいったいどんな呼び名があろうか——という手段によって、彼は「径」において彼を助けてくれる多くの知識を得るのである。そしてこの「径」こそ永遠に先に進んで行くものである。その道はそれることなく前へ前へ、上へ上へと、始点も終点もなく始まりも終わりもない「目的地」へと進み、「無限」へとあらゆる方向、次元に向かって旅していくのである。

第七章　続・文字に関するカバラ

さて、ここに至って三十二の「知恵の径」とカバラ的数理概念の大要を述べ終わったところで、読者諸氏のなかでも呑気な方々にさえ、あらゆる種類の知識がより多く自由になり、また経験が多くなればなるほど、この体系が分類方法として賞賛すべきものになることが明白となったことであろう。これがすべての観念を分類するための体系であることはいくら強調してもしすぎることはないし、この体系にあって理解し得ぬものは存在しないのである。そのためより多くの照応物を挙げるつもりはもとからなかったし、それは個人的に成しとげねばならない研究でもあるのだ。この点を何度も繰り返していることはお詫びせねばなるまいが、筆者としては機会のあるたびに強調したい最重要性を持つポイントなのである。

「セフィロトの樹」を心理学的また霊的な分類体系として用うべきその多様な照応物と共に全体を一見してみても、読者諸氏には全く非理知的なものと見えるかもしれない。しかし、真摯にその応用を試みてみれば、時間の経過により無意識な同化——「母なる大地」の暗い深みへ静かに根をおろしていく樹にも似た作用——が起ることがわかるだろう。種子がついに若芽と根とを、栄養を求め、そして何かしっかりしたものを求めるために発すると、未だ柔かい茎は光と生命の源である太陽にむかって伸びていくのだ。

カバラの根本原理についてもまさしく同じなのである。すべての上部構造がその上に築かれている幾つかの重要な照応物が記憶され、日常意識に不可欠の働きをなすようにされなければならない。研究を促進するためには、分類方法として「生命の樹」が計り知れぬほど大きな価値を持つことを証明しようとすることに本当に興味を持っている読者諸氏は、カード索引として知られているものを入れる整理箱を用意しなければならない。これは実際には白紙のカードがたくさん入った小さな箱にすぎない。そのカードは、1から32までの数字の組に分けなければならない。これまでの章で述べられたすべての照応物をそれぞれのカードに書き、その番号に従って正しい位置に置くことが必要である。学徒としては、その後にそれぞれのカードにこれまでに学んだ帰属物に関する様々な事柄を簡潔に記し、新しく知ったものについてはより深い知識を得るよう努めることが必要である。この非常に実際的な方法によって学徒は自分の得た知識のすべてを三十二の区画に分類することができようし、これから得るどんな新しい事実をも自動的にこれらの区分のどれかにおさめることができるのである。この作業が完全に成された後にしなければならないことは、学徒は自らの精神のうちにある無限の事実が分類されているこの三十二の分割を「10」、即ちセフィロトの数のもとに整理することであり、さらにはその数を「1」にすることである。

この最後の作業は、「径」とセフィロトの間にある関連と「樹」そのものの姿が心のうちに在ればより簡単なものとなろう。読者諸氏はすべての帰属物を注意深く十のセフィロトと二十二の径から成る調和的かつ対称的な姿へとたどり、また関連づけねばならないのである。そしてまた、そのそれぞれの構成単位の持つ三重性をも記憶に留めておくことを忘れてはならない。それは上位のものから受けとり、それ自身の性質を保ちまた表わし、下位のものへと影響をおよぼすということである。

これこそが、これより先のより深い研究の基づくべき根本の基礎なのである。研究が進むにつれ、それらの区分により複雑かつ知的な一連の帰属物が分類されることとなろうし、それにつれて、誰の目にも「樹」の成長する様が明らかとなるであろう。
それぞれの構成単位の照応物は無限に増えることとなろう。というのは、それぞれのセフィラとそれぞれの補助的「径」は、その球自身に「生命の樹」を内在していることが視覚化されようし、より正確かつ詳細な分析のために十に細分されるのである。「樹」それ自身も、カバラ的「進化の体系」におけるいわゆる「四界」のそれぞれに位置づけられる。

セフィロトの構成は、もともと進化の神秘に関わっていたのであり、カバリストはこの調和宇宙の進化を複雑な様式で理解している。アインから流出、もしくは発現したものとして、四つの「世界」もしくは「意識」の次元が連続して生み出されたものと考えられている。ゆえに、「樹」は意識の四つの違った領域、また創造の流れもしくは生命の脈動する流れが進んでいく四つの調和宇宙における次元に分割することができるのである。

それら四つの創造次元における最初のものは「オラム・アツィルト」、即ち「発現の世界」もしくは「原型世界」である。第二のものは「オラム・ブリアー」、「創造世界」である。第三のものは「オラム・イェツィラー」、「形成世界」であり、これらの世界のすべては「オラム・アッシャー」、即ち「活動の世界」もしくは「物質世界」においてその表現と動的な具体性を持つのである。『光輝《ゾハール》』は、この「オラム・アッシャー」について、宇宙がその秩序と均整のすべてにおいて「原型世界」の「聖なる意志」を完全かつ正確に顕現することを成さしむすべてのセフィロトの調和的協調の不変なる証しであるとみなしている。この哲学的観念は『光輝《ゾハール》』のi、一五六に見い出される。

「この『大地』の上に存在するものすべては、上位の世界にその霊的照応物を持っている。そして、この世のすべての存在に『上界』と繋がりを持たぬものなど在り得ぬし、『上界』に依存しないものなど在り得ぬのだ。

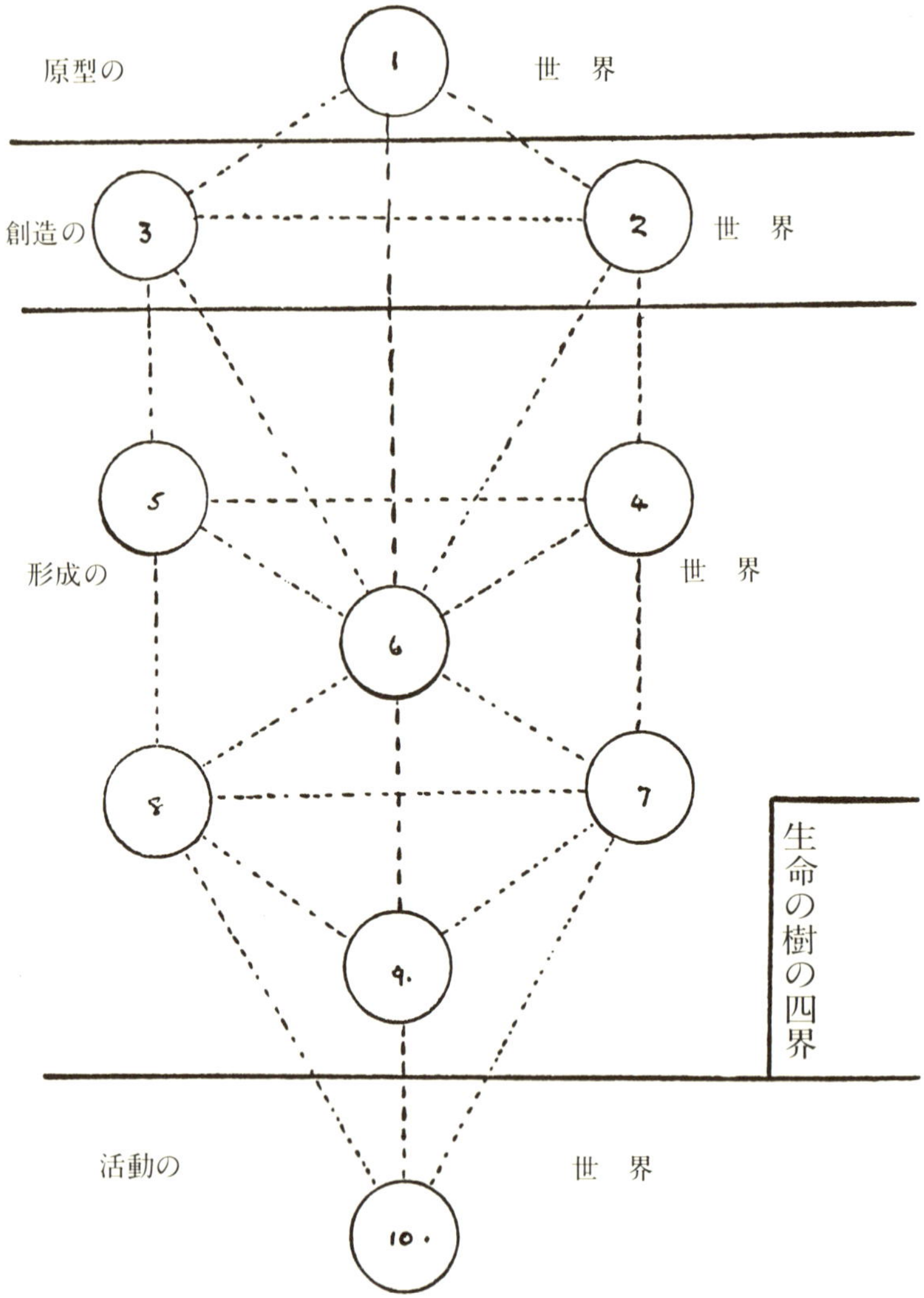
原型の　世界
創造の　世界
形成の　世界
活動の　世界
1
2
3
4
5
6
7
8
9.
10.
生命の樹の四界

「下位の世界に含まれているものすべてはまた原型として上位の世界に存在する。『下界』と『上界』は相互に対応して作用しているのである」

この分割には二つの非常に異なった方法が考えられる。第一の方法では、ケテル——「第一動者」である「球」——だけが最初の次元を占める。それこそは「原型」にして他のすべてのセフィロトの「創造者」であるからである。コクマーとビナーが「創造世界」、即ち「表象作用」と「宇宙の活性化」の領域であり、ここから「形成世界」が発し、それは第四、第五、第六、第七、第八、第九のセフィロトから成っている。「形成世界」は「星幽界《アストラル》」を構成し、それは様々な度合の稀薄で電気的な物質とエネルギーから構成されている。これらのものすべては物理的世界、マルクト、即ち第十のセフィラへと統合されており、即ちこの考え方においてはそれこそ「オラム・アッシャー」ということができる。

さらに、『光輝《ゾハール》』ではYHVHの名、即ちテトラグラマトンをとって、それぞれの文字をこの四つの世界にあてはめている。ヨッドが「原型宇宙」であり、最初のヘーが「創造世界」、ヴァウが「形成世界」、最後のヘーが「物質世界」へと割り当てられているのである。

第二の方法では、『光輝《ゾハール》』は「生命の樹」全体がこの「四界」のそれぞれにあるとしている。「原型世界」は最高のものであり、絶対的に観念的なものである。それは「聖なる意志」の次元であり、「宇宙の表象作用」の「原因界」、ブラヴァツキーの神智学におけるマハトである。

十の「原型」的セフィロトは自身をブリアー界、即ちより霊的ではなく、より抽象的ではない下位の世界へと投射する。この世界において神々の創造力は事物の原型観念を把握し、この次元特有の方向へと「樹」を拡張し、活性し、発展させるのである。これは特に知的な次元であり、この宇宙構造は人間における「ルアク」もしくは「神智学」における下位の「マハト」と比較できる。このように、「アツィルト」における最下位のセフィラがブリアーのケテルとなることが図からもわかろうし、「ブリアー」のマルクトが「イェツィラー」のケテルに、等々と順送りになっていくのである。

「形成世界」、即ち星幽《アストラル》諸力の次元において、観念はさらに投射されて電磁気的物質からなるデザインもしくはモデルという形をとる。星幽界の構成物質は遍在し、すべてに浸透する非常にとらえ難いもので、非常に稀薄な状態であり、さらなる進化の過程の中途にある物質である。それは星幽界のより濃密で粗雑な投影であるこの物質界を生みだすものであり、またその基礎としての役割を果たすわけである。

この方法においては多くの三組が比較研究の目的のために必要とされるのである——例えばヘーゲル哲学における三つの範疇を「生命の樹」に帰属させることのようなためにも。この方法によって十二の三組と、それにぶらさがる形で十三番目にアッシャーのセフィラがくる図ができる。

タロットカードも同様にこの四界に帰属させられている。二十二枚のトランプカードはヘブライ語のアルファベットのそれぞれの属性を持つとされる。その他には十四枚一組のスートがあり、それは「棒」、「杯」、「剣」、そして「五芒星《ペンタクル》」である。それぞれのスートの最初の十枚は、これまでに書いたようにセフィロトの属性を持つとされている。それぞれのスートの残り四枚は「宮廷《コート》」カードで「王」、「女王」、「王子」もしくは「騎士」、そして「王女」もしくは「小姓《ページ》」であり、それぞれテトラグラマトンの各文字、また「創造の四界」の各々の属性を持つとされている。

現代にあるカードのセットには多くの間違いが不注意にも紛れこんでいる。「王」は王座に坐り、「王子」もしくは

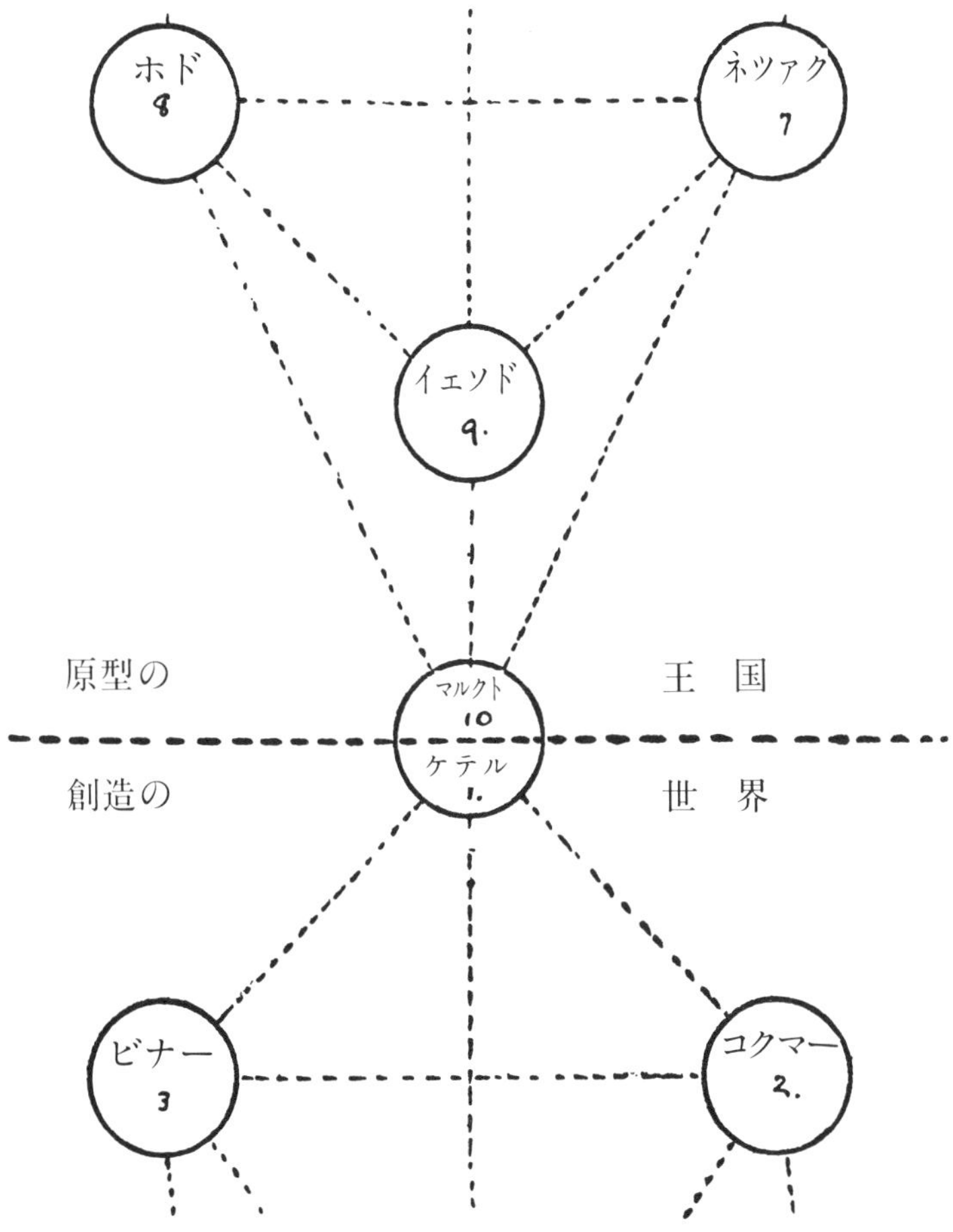
ホド
8
ネツァク
7
イェソド
9.
原型の
マルクト
10
王　国
創造の
ケテル
1.
世　界
ビナー
3
コクマー
2.

「騎士」は全速力で走る馬に武器を勢いよく振り回しながら乗っている姿で描かれている。本当は、その象徴が逆でなければならないのだ。なぜなら、「オラム・アツィルト」を表わす「王」（デミウルゴスもしくはケテルにあるマクロプロソプス）は創造的かつ能動的であり、生命の流れを「女王」即ち「母」、「オラム・ブリアー」へと伝え、「母」は自らのうちに創造の作業が進む間じっと、受動的に待つからである。「オラム・イェツィラー」を表わす「王子」もしくは「騎士」（ティファレトにあるミクロプロソプス）は役割として「王」と似ているが、ずっとそれより低い次元においてそれを行うのであり、「母」を通じて「父」のものである観念と力を受けて次にその影響を「王女」もしくは「小姓」即ち「処女」、「オラム・アッシャー」へと伝えるのである。

スートの名称もまたその「世界」の性質をよく表わしている。「棒」は「オラム・アツィルト」にある本来の原型観念を発展させる「創造意志」の魔術的象徴である。その原型観念は「オラム・ブリアー」即ち「創造世界」へと投射される。この世界を象徴するのが「杯」である。「杯」は明らかに女性の象徴であり、受動的、受身で、高位にある男性からの影響を進んで受けようとしている。「剣」は「形成世界」に関連している。なぜなら剣というものは、斬り、形をつくり、刻むものであるからだ。「五芒星《ペンタクル》」はろう——大地、受動的であるものの象徴——から作られていて、「活動世界」と物質を象徴し、この世界において高次の世界の諸力が顕現するのである。

一言だけここで注意しておく。空間や時間において、これらの「世界」が互いに積み重なっているというように考えてはならない。そのような考え方は『光輝《ゾハール》』的ではないのである。これは、図によって概念を示す時におきる最大の欠点の一つである。それらの四世界は、それぞれ固有の媒体を持ち、あるものは他のものより稀薄で、あるものは他のものよりも濃密であるのだ。ブラヴァツキーはこれについて「結合状態にはあるが同質の状態にあるのではない」と言っている。この優れて意味深長な一文の意味するものは、それらの世界の構成物質は同じ濃度ではないが、空間的には同一の位置にあり得るということである。それらの四世界の区別は、物質の性質によるものであり、空間における位置ではないのである。

「樹」とその全体の形を見る方法について幾つか述べておくべきであろう。「第三章」において、読者諸氏は図によって「樹」が三つの「セフィロトの三組」に最後の十番目のセフィロト、マルクトがぶらさがった形であることを理解されたことであろう。「樹」の形には、もう一つの見方があるのである。セフィロトは「柱」によって配置されているともいえるのだ。三つのセフィロトが「右」、同じく三つが「左」、四つが「中央」の柱にあるといえる。

コクマー、ケセド、ネツァクが「右」にあり、「慈悲の柱」、即ちフリーメーソンにおける「ヤキンの柱」と対比するものを構成している。ビナー、ゲブラー、ホドが「左のセフィロト」であり、「峻厳の柱」と呼ばれ、フリーメーソンでいう「ボアズの柱」である。そしてケテル、ティファアレト、イェソド、マルクト、即ち「樹」の中央の幹は「中央の柱」を作る。

この「中央の柱」については、読者諸氏にも興味深いであろう事実がある。それは「出エジプト記」のアロンの杖(モーゼの兄、ユダヤ人最初の大祭司とされる)――即ちアーモンドの枝についてである。その単語は מטה השקד 、「マトー・ハ・シャケド」である。ゲマトリアによれば、この言葉の数値の合計は463となる。「第四章」から解るように、マルクトとイェソドを結ぶ三十二番目の「径」タウ ת の数値400、イェソドとティファアレトを結ぶ「径」サメク ס の数値は60、ティファレトと直接「王冠」を結ぶ十三番目の「径」ギメル ג の値は3である。「大祭司」アロンの杖の全体概念は即ち「中央の柱」においてセフィロトを結ぶ柱を意味するわけである。それは「王国」から「王冠」への真直ぐ伸びる路なのだ。

この時点において、哲学の徒である諸氏の胸中には、カバラが客観的体系なのか主観的体系なのかという疑問が生じていることであろう。それはいわば、五感を通じて知覚されたこの世界は私の霊的自我《エゴ》の創造力の所産であり、私の意識の外部に何の存在もないのかという疑問や、カバラは「宇宙」を主観的にも客観的にも見ているのかという疑問と言い換えることができる。

カバラ的観念形態と照応物を研究することによって、カバラは最も客観的意味において外界の事物の絶対的実在を受容することが理解されることとなろう。それは、もし名付けるとすれば「客観的観念論」ということができる。我我の知覚のすべてがもっぱら自我《エゴ》によるものとは言えないし、感知されたものだけがすべてとも言えない。知覚とは両者の関連と相互作用によるものなのである。ある目的対象が我々の知覚器官から独立している時には、そのものにどんな価値も我々は認めることはできない。しかし、その一方我々が知覚しているものがその知覚されるものの一部的な表現以上のものであるとあえて断定できるわけでもない。例を挙げれば、何か特定の観察物との関連がない時、我々は運動という概念を規定できないし、空間と時間を判別することができない。例えば、もし実験として三時間の間隔で巨大な大砲を発射したとしたら「太陽」としての存在は時間としての三時間よりも距離としての数千マイルに注目することだろう。しかしまた、我々は感覚による以外には全く現象を知覚することが不可能なのである。従って、純粋なカバラ的見地からいって、「宇宙」は客観性を全く否定することなく主観的だとすることは全く正しいということができるのだ。

しかし、事実としてここで私は警告しておくが、カバラはそれ自体では何ら「宇宙」の主観的もしくは客観的な解釈と関わることはない。ここで何度も強調したように、カバラとはすべての概念、経験の理解と分類のための心理学的体系なのである。

学徒は間違いなくどうやってこのセフィロトに固有の抽象的な神秘学的概念を様々なアカデミックな哲学体系と関連づけるかという疑問を持ち始めているにちがいない。これは、一度心の裡に照応事項の完璧な一群を持てば、特に困難なことではない。

例として、カントの批判哲学を挙げてみよう。時空に存在する宇宙は知覚する自我《エゴ》の主観的創造とされる。時間や空間は創造的思考の先験的根本概念、もしくは根本形態とされる。このような観念とカバラとの相関をどう成さしめたらよいのであろうか？

ケテルは、既に定義したように自我《エゴ》、モナド、即ち「誰の心にもある秘められた中心」である。ゆえに、ケテルは「超絶(先験的)自我《エゴ》」といえる。ビナーにはクロノス即ち「時間」がその属性を持つとされている。ゆえにビナーはカント主義の「時間」という根本概念と通ずる。「黄道十二宮」はコクマーの照応物であり、ある意味では「空間」という概念の具象物といえる。従って、下位のセフィロト七つがこの「宇宙」全体のために残っているわけである。その「宇宙」は「時間」と「空間」即ちコクマーとビナーの中に客体化され、存在しているわけで、またその「時間」と「空間」は自我《エゴ》即ちケテルの統合能力の働きといえる。残りのカント主義における先験的根本概念、もしくは思考する自我《エゴ》の活動形態を「セフィロトの樹」にあてはめることには何の困難もないであろう。

フィヒテやヘーゲルに言及してみれば、カバラの「流出」の過程、即ち三組の中において男性、女性、子供と進むものと、弁証法において正もしくは措定、反、合と進むものとの間に非常に近い相似があることが見出されるであろう。

さて、この先に進む前にどうしても触れておくべき最重要な問題がここに付随する。セフィロトが三組、三揃を構成するという事実や「父」、「母」、「息子」という称号がセフィロトに与えられているという事実は、多くのキリスト教護教論者が充分な根拠もなしにキリスト教の三位一体説がカバラに含まれていると主張することを助長することとなってきた。この主張に関してアベルソン教授の弁を引用してみよう。

「類似が全くの偶然であることに疑いの余地はない……サロモン・イブン・ガビロールの哲学、新プラトン主義、グノーシス主義、フィロン主義、その他の体系はすべてぬぐい去ることのできない跡を（即ちカバラの進歩の上に）残している。しかし、記憶に留めておくべきは、キリスト教は、ユダヤ教への債務者であるばかりでなく、今挙げたものたちにも同様に負うているということである。従って、キリスト教的と見えることは実際にはユダヤ教的なのであり、連綿と続くユダヤ精神によって、ある素材を発展させたものであるのだ……しかし、キリスト教の『三位一体』と十のセフィロトの三組が極めて異なった次元にあることについては議論の必要もない」

この問題については、アーサー・エドワード・ウェイト氏に心より感謝の念を表すべきだと思っている。なぜなら、ウェイト氏は率直に自分がキリスト教徒であることを告白しているにもかかわらず——なお、彼はローマ教皇に対しての従順をも告白している、もしくは彼の著作から私はそう判断している——それでも、細心の注意を払ってキリスト教「三位一体説」とカバラの「聖なる家族」と称されるセフィロトとの比較対照を行なっているのである。例を挙げれば、彼は『聖なるカバラ』においてセフィラ・ビナーに帰属されるシェキナーがその本質からも定義からも「聖霊」と等しいと解釈することはできないことを長きに亘って確定的に証明している。それに加えて、私にはどうも不必要であるように思えるのだが、「オラム・アツィルト」におけるヨッドと最初のヘーの結合に関わる哲学が敬虔な三位一体説信奉者には矛盾するものではないかと論じている。「聖なる集い」の敬うべき律師《ラビ》にとってキリスト教の「三位一体説」がさらなる軽蔑と非難をもたらすべきであろうことを私がこれ以上ここで強調する必要はあるまい。

私の観点からは、その問題の本質についていえば、この激しい論争の源となっている二つの哲学命題の間には実際にはなんの関連も存在し得ない。なぜならば、私はここに最大の強調をしたいのだが、考察してみれば この二つの「学派」は二つの全く別の問題について思索しているのであるからだ。「教会」によれば、三位一体の様々な相は個別にすべて「神において一」であるという。しかしながらこれに反してアタナシウスによれば、それぞれの個別の「位格」はその本質において神であるというのだ。

カバラにおいてはそうはならないのである。「アイン・ソフ」は「無限」である。そしてまた「永遠」であり、超越存在であって宇宙とそのすべてに内在している。「一」であるということさえ不可能なのである。なぜならそれは「ゼロ」だからである。「一」は、これまでみてきたように顕現と制約されたものに帰属されるものだ。「父」や「母」の称号を持つセフィロトは、その本質からもどんな場合でさえ「神」や「アイン・ソフ」とは成り得ない。『光輝《ゾハール》』は、はっきりとセフィロトが単に「ケクリーム」、即ちこれを通じて「神」の創造的進化がそれ自身を顕現する乗物もしくは路と教えている。「父」と「母」が配されているセフィロトは「アイン・ソフ」ではない。たとえ「無限の生命」が浸透しそれによって維持されてはいても、セフィロトは神の顕現したものとしか理解され得ないのである。

この二つの学説の可能な比較対照というものの本当の解答は、実は非常に単純なものである。なぜなら、その比較対照は全く成立し得ないものであるからだ。この解答があまりに単純であるために、私が気づいた限り、論理のほんのわずかな隙や論理をつくした議論を明らかにする人々の目をくぐり抜けてきたようである。古えの教父や律法学者の心にあった概念は一致したものではなかった。「教会」は永遠に「父」と「御子」と「精霊」である 三位格のことを教えていたのである。

私が理解し得る限りにおいて、このキリスト教形而上学の公式はカバラのテトラグラマトン、即ち神の四文字による名とは遠く隔った関係しか持っていない。テトラグラマトンの配分とはヨッドと最初のヘーが「超越」にある「父」と「母」、ヴァウと最後のヘーが下位の双子である「息子」と「娘」である。言葉を換えればカバラの「聖なる家族」は「三人」から成るのではなく「四人」から成っているのである。哲学の初学者の最たる者にさえ、ここに二つの異なった体系が述べられていることと、その二つがお互いにほとんどもしくは全く関連がないことは明白であろう。従って、アベルソン教授による弁護論は全く抗弁というものではなかったのである。なぜなら、彼の主旨はユダヤ人がキリスト教から借りがあるのではないということだったのだから。実際、そのような問題は論争に関わるものではなかった。

最後の試みとして、ローマ・カトリック教会のキリストの神秘的肉体をキリスト教三位一体の第四の人格としようとするものがあった。この最後の手段は、それを唱えた人間の心にさえ弱々しい感興しか与えないものであった。

しかしなお、この問題全体はカバラの本質に対する純然たる無知から三百年もの間続く論争を起こしたのであった。ロイヒリン、ミランドラ、クノール・フォン・ローゼンロス、リュリー、その他多勢の者達は、まず第一にキリスト教信仰に類似した教理を見出さんとする不誠実な意図からカバラを研究したのである。そのような教理によって、イスラエルの子らを、髭を剃り、前髪を切り、父祖への忠信を捨て去り、ローマ教会の典礼に従う教団に入るように強要するつもりであったのだ。『光輝《ゾハール》』の教理を故意に曲解したにもかかわらず、小数の例外を除いてはその信仰を変えることに彼らは失敗することとなった。正統の律師《ラビ》の多くのものは、その直接の結果として毒々しい憎悪と激しい罵りを『光輝《ゾハール》』に対して向けることとなり、その結果としては、異教徒である迫害者キリスト教徒の概念、もしくは少なくとも「三位一体」とユダヤ人の救世主としてのキリストの資格という概念が『ゾハール』に表われているという信念を受け入れることとなったのである。律師《ラビ》達にもまた、偉大なる遺産に対する無知という誤ちがあったのだ。

学徒は「第三章」と「第五章」で短くだが解説したテトラグラマトンの教理を把握するために大いなる努力を払うことが必要である。『光輝《ゾハール》』やカバラがローマにあるカトリック教の聖域から産まれ出たものとは全く独立した教理の骨子として存在することを認識するには、このテトラグラマトンを理解するかどうかにかかっているのである。そうすることによって、前述したような浅薄なまぬけだましにかからずにすむに足りる充分な知識を持つこととなるだろうし、また魔術の理論と実践のそびえたつ殿堂ともいうべき体系を築くための基礎をも手に入れることができるのである。

観念から実在へと下降してくるセフィロトの三部からなる運動を本当に理解するためには、プラトンからヘーゲルに至る知識を所有すべきである。この三重の運動、即ち正、反、合は（ヘーゲルはこれを論理的論争とみなした）普遍的に哲学の真の方法とされている。カバラは、ヘーゲルやスペンサーに先だって、「弁証法的」過程によって進歩してきたのであり、非常に理解しやすい進化体系を示しているのである。その進化体系とは、スペンサーのよく知られる公式を引用すれば「連続した分化と統合(の間にセフィロトがある)を通じて、不定の統一していない均質性（アイン）から構造と機能における確定した異種性（マルクト）までの不断の変化が存在するのである」というものだ。

フィヒテは彼の哲学研究において自我《エゴ》（ケテル）から出発し、それが知識と思考と意識を持つことを見出した。彼は思考することが自我《エゴ》の本質ではなく、単にその活動の一つにすぎない(カバラにおいて付記すれば、「深淵」の下における、といえる）と主張している。そうして、思考の働きを研究することによって彼の最初の三原則へと到達したのである。弁証法を用い、まず最初の出発点として人間が知りかつ経験することすべてを含む「自我」(ケテル――『王冠』）を認めることによってカントの二元論を超えようと彼は試みたのである。カントの二元論とは現象の世界と物自体の世界を分けるもので、後者を「不可知」とするものである。まず最初に自我、「自我《エゴ》」即ち「主体」が存在する。それはすべての知覚をもたらすものであり、本質的に無限かつ無尽蔵であるが、それをその活動からしか知り得ないために不明解なものだ——それには特別の形態があり、「暫定形」即ちエネルギーを働かせるもので、純粋な活動であり、「自我」の顕現ともいえる。

これが「客体」、「自我」の相対物、非自我《エゴ》（ヘーゲルの「非実在」）を産み出すのであり、これはビナーと相当する。なぜならビナーは物質の根本であり、「存在」と相対するものであるからだ。客体は主体の最初の異種物であり、「自我」に影響を及ぼし、また影響される。次に二つは相互関係で認識され、連関は自己知識（第三の原則）、即ちコクマー、「知恵」にして第三のセフィラへと帰着するのである。

初期のカバリストの幾つかの著作にドイツ観念論の完璧なる予示が見出される。ここに挙げるラビ・モーゼス・コルドヴェロのものは極めて優れた哲学であるといえる。

「最初の三つのセフィロトは一にして同じものとみなさなければならない。最初のものは『知識』、第二が『知る人』、第三が『知られるもの』を表わす。『創造者』は『彼自身』であり、同時かつ一度に知識であり知る人であり知られるものである。もちろん、『彼』の知識は『彼』の外側へと思いをこらしたものからは成っていない。自己知識によってこそ『彼』は知るのであり、存在するものそれぞれを知覚するのである。『彼』と合一でないもの、『彼』の本質のうちに『彼』が見出せないものなど存在しない。『彼』はすべての存在の典型であり、万物は『彼』のうちにその最も純粋にして完璧な姿で存在しているのである……このようにして宇宙に存在するものすべてがセフィロトのうちにその姿を持つのであり、セフィロトはその流出した源にその姿を持つのである」

全く違った方面からのもう一つの例がカバラの知識を応用する方法を示すためにも必要であろう。A・S・エディ

ントン教授は スワースモア講演『科学と未知なる世界』でこう指摘している。「原初の混乱に散らばる電荷の中から九十二の違った種類の物質――九十二の化学元素――が生まれました……九十二の元素の相違点の根本にあるのは、一から九十二までの整数の相違というものであるのです。なぜなら、十一番目の元素（ナトリウム）の性質は、その周囲に低温時において十一個の負の電荷をとらえることができたことから生じているのです。十二番目の元素（マグネシウム）の性質は十二個の粒子をとらえることができたから、というようにずっと続いていきます」

さて、この辺でスワースモア講演を離れて読者諸氏には私と一緒にジェイムズ・ジーンズ卿の最近の作品『神秘なる宇宙』所収の非常に暗示的な一節を考えていただきたい。その八ページから引用しよう。

「今日においては、かつて『生命力』と言われた様々な現象が物理、化学の通常のプロセスであることが解明されてきている。問題が解決するにはまだほど遠いながら、生きた身体を特に識別するのは、『生命力』ではなくて、極めて通常の物質である炭素であるという可能性が高まってきている……もしそうだとするなら、生命が宇宙に存在するのは炭素元素が何か例外的な性質を有するからということになる……これまでのところは、他の原子を結びつけるその非常に特別な能力を説明するものは何も解明されていない。炭素原子はその固有の中心核を回る六つの電子から構成されている……」

スワースモア講演でもエディントンは同様の主題について続けており、炭素の電子構造こそが生命の原因であり、物理的根拠となっていると述べている。

さて、この物質概念はカバリストの採るものと非常に近いものである。ここでは私はもっぱら炭素について述べるから、エディントンが挙げたナトリウムやマグネシウムについての照応物は読者諸氏が独力で調べておかれたい。カバリストが主張するには、「生命」の顕現とは数字の「6」に関連することは間違いなく、またその含意の一部であるという。炭素は燃焼、炎で熱を伴う燃焼と関係する。熱は究極的には「太陽」と関連している。「炭素」が小宇宙における生命の一つの顕現であり、基礎をなす根拠であって、「太陽」が「大宇宙」における「生命」の源とみなすことができるわけである。第六のセフィラ、ティファレト、即ち「調和」に与えられている幾つかの照応物の一つが「太陽」であることは五五ページを見ればわかるだろう。もちろん、我々が太陽という天体、その生命を与える熱と活力に我々の存在を頼ることは明白な事実である。我々の父である「太陽」の光線からその支えと暖かみと共に我々が切り離されるようなことがあれば、この地球に全く生命というものの現われはなくなるであろう——少なくとも我我の知るような生命は。鉱物ないし、我々が深く愛する豊かに生い茂る植物も、どんな種類の動物もいないこととなろう。

以上でわかるように、カバラではより深くこれを追求していく。「太陽」は物理的観念から単に我々の「父」であるばかりではなく、我々の内なる霊的存在即ち我々の真の生命もあらゆる方向から深く「太陽」と関わっているのである。我々が目にする太陽は内なる「霊的太陽」の外部に見えている媒質である。即ち、我々がその一部もしくは一片である神や神々の炎であり、その生命から我々は切り離され得ないものなのである。ちょうど我々の有機体を構成する細胞が骨の骨、肉の肉、魂の魂であるように。これについてはある魔術的儀式——『エジプトの死者の書』から採られたもの——でこう言っている。「我こそは我が父なるトゥム、『太陽の都の主』の『幻影《アイドウレン》』である」

古代宗教の学徒もまたこれに関連した間違いない事実を非常な興味をもってつけ加えるであろう。即ち、ほとんど例外なく、一般的な宗教——アティス、アドニス、オシリス、ミトラ、ディオニュソス、そしてイエス・キリスト——に足跡を残した偉大な師や「熟達者《アデプト》」（少なくともティファレト、即ち⊙のセフィラには達した者達。次章を見よ）は天界における太陽の運行のサイクル、もしくはそう言うよりもより正確に言えば彼らの生命のサイクルが「太陽」

のより大きなサイクルと繋がっていることを確認している。冬至における「降誕」、春分における十字架上の死など、一年の始まりと昼夜平分線から太陽が上昇することを暗示している。この主題には様々なヴァリエーションがあるが、その象徴するものはほとんどいつも同じものである。絵画や物語の主題もまた同様である。それは満ちあふれる生命の奇蹟、絶えざる自己回復、死に対する勝利である――即ち「太陽の帰還」なのだ。

このように、「6」は炭素や生命の現われに必要な物質的元素を意味するのだが、カバリストにとってはずっと多くのものを意味するのである。カバリストにとって「6」は「太陽」に関係するすべてのもの、その深遠なる物自体、地上におけるその使者、そして全体としての霊的意識に結びつくのである。

ジーンズの書物からの引用を続けてみよう。「永久磁力というのは鉄において非常に多く表われ、それより少ない程度ではその隣接物、ニッケルとコバルトに起こる……それらの元素の原子はめいめい26、27、そして28の電子を持っている……この法則の結果として、ある特定の数の電子を持つ原子、即ち6、26、27、28の電子を持つ原子は……生命、磁力、放射能という現象に各々示すある特別の性質を持っているのである」

これらの数字6、26、27、そして28は、科学的な思索者が認めた、今述べた電子の数を持つ原子に固有のものと同様な性質を象徴化するカバラの体系の観念と明らかに連結している。六つの電子を持つ炭素原子は、これまで述べたように、調和的に第六のセフィラにその属性を持つとすることができるし、その他の三つの数字については、これから今までに説明してきた哲学原理にどのように関連しているかを確かめるために調べてみよう。

「生命の樹」における二十六番目の「径」はアインであり、その属性を持つとされるものは「自然」の、特に生殖の神プリアポスに表わされる様々な創造的力を表象するものである。それはまた、例えば結合しようとする牽引力や分子同士の磁性という形で現われる宇宙的な欲望や本能の観念をも含んでいる。

文字ペーが二十七番目の「径」であり、その属性を持つとされるもののうちで主要なのは「火星《マルス》」で、これは万物を動かしまた充満している電気的な活性力である。伝統的には二十七番目のペーには鉄が帰属するが、この点について鉄が26の電子を持つとする現代科学とわずかに相違している。しかしながら、一考してみれば中心の陽子と26の電子を合わせれば二七となり、ペーとなる。もっともこれは専断的なもので、疑問は免れない。

28は「径」ツァダイでネツァクとイェソドを結ぶ。「径」ツァダイの意味についてはそれを分析するのが最良であろう。図からこの「径」がネツァクとイェソドを結んでいるのがわかるだろう。ネツァクは「金星《ヴィーナス》」の球であり、このセフィロトの全般的な含意は性的な性格を持つ愛ということができる。これは「自然」の生殖力を表わす。ゆえに魅力と欲望が総体的な含意となる。イェソドは星幽界《アストラル》がその属性を持つとされる「基礎」であり、星幽界《アストラル》の構成物質は定義からも磁性を持ち、本質的に電気を帯びている。一九世紀の最後の四半世紀には「放射能」という単語は使われてはいなかったが、星幽界《アストラル》の物質の性質に関する記述が今日の科学研究者が放射能を持つと言われる元素に与えるものとほとんど等しいことは読者諸氏にも困難なく認めることができるであろう。

観念を比較対照するための体系としてのカバラを用いるためにはどのように進むべきかを示すためには充分に記したことと私は思う。ここに挙げた例は示唆的なもの以外の何者でもなく、そう遠くない未来に誰かがカバラのイデオロギーと哲学の発展を比較対照した完璧な哲学史や、カバラの照応事項の精密な一連を横に示した九十二の元素の電気的構成を表わす注意深く作製した分類表を我々のために作ってはくれまいかと望んでのことである。

第八章　梯子《ラダー》

我々はこれまで「生命の樹」を哲学文字として詳細に考察してきた。ここにおいて全く新しい見地でこの「樹」を考察することが必要となる。この構造物のまた別の枝には、人間にとって拡げ、発展させ、完結させねばならない固有の性質とよく似たものがあることをこれまでに知ることとなった。この展開の過程は、図式的に「樹を登る」と言われている。最初のほうの章で、短くだがカバラの手法が「瞑想」と「魔術」であることを述べた。ここに至って二、三の解説が必要であろう。

これまでに示したように「ルアク」はそれ自身のもつ限界ゆえに「真実」への「探求」には我々の役に立たないし、通常理解されているように「信仰」はさらに無益である——それゆえに哲学研究の新しい手法が必要なのである。事実、新しい手法だけでなく、研究が進むべき全く新しい方向が必要とされているのである。

「実証主義」においては、ほとんど完全に意識の先験的領域を否定しているが、それは論理学者によって明確に系統立てられたもの以外は認めず、彼らの原則からの見地からは非論理的であるように見えるものの存在自体を否定するからである。例えば現代の「観念論」では、現象界をモデルとして物自体の世界を築こうとしている。しかし、これは我々の見地からの「別世界」が論理的であることをどうにかして証明しようとしたにすぎない。ここで働いているのと同じ法則がそこでも働き、「別世界」が我々のもののうつしであり拡張であることに他ならないことを証明しようとしているにすぎないのだ。手短かに言ってしまえば、これは未知なるものに対する粗野で乱暴な公式化なのである。

「実証哲学」では当然これらの二元的命題の不合理性を認めているのだが、論理に縛られているために活動領域を拡張する力がなく、それを否定すること以外に何も思いつかないのである。

「神秘哲学」だけが現象界以外にあるつながりの可能性に気づき、超感覚的、超絶的意識に応用し得る論理を公式化したのである。しかし、その進歩も有機的かつ懐疑的な研究という混乱した不明瞭な観念にはばまれ、その対象を科学的な方法で定義し分類することが不可能であることに気づいたのであった。しかしこれは訂正すべき考えで、懐疑主義を通じてこそカバラの「樹」を分類手段として用いることが起こったのである。

究極的には「科学」こそカバラに導入すべきもので、なぜなら「科学」だけが理解可能な手法の研究の新しい方向をもたらすからである。我々に与えられている神秘的かつ魔術的な手法は、新しいタイプの経験であるばかりでなく――実際、科学的研究の価値がある心理学的現象を伴うものである――さらに重要であり、価値のあることは、これによって超越意識の領域に関する知識を増してくれるのである。P・D・ウスペンスキーは彼の『テルティウム・オルガヌム』でこう書いている。

「宗教――哲学的教えの骨子は、公言された目的であれ隠された目的であれ、とどのつまりは意識の拡張である。これはまた、すべての時代にわたる神秘主義やすべての信仰の目的であり、オカルティズムや東洋のヨーガの目的であるのだ」

カバラの手法は特に――というのも、他のものすべてからみてこれだけが統合のために卓越した優れた根本原理を持っているからであるが――宗教的、神秘的、理性を超越したものなどと様々に呼ばれる経験によって我々の視野を拡げてくれる。これが意味するものは一つの経験、というより「宇宙」の意味、本質、価値を知らしめる自然発生的直観で、それは万物がそれぞれどう調和しているかという至福の直視や、「究極の真実」の本質への糸口を与えてくれるものなのである。ここにおいて我々は神秘的知識の根本的事実に関わってくる。それは理性的意識の通常の活力を、「ネシャマー」が直接、観念を見つめる直接的直観へと取り換えるということである。そして経験とは、それが世俗的なものであれ神秘的なものであれ、常に世界の果て《アルティマ・スユーリ》と呼ぶべきものであり、誰もそこを踏み越えようとはせず、また否定しようともしないものである。「神秘的体験」をインスピレーションや知識の源にするにあたっては、真の科学的原則を頼みにすることができるだけであり、それはジュリアン・ハックスレーが『あえて私は何を思うか』の中で言っているように「科学的手法の最も重要な特色は、知識を求めるにあたって、常にこれまでの経験を参照することにある」ということによる。

それらの手法のうちの最初のものとしては瞑想がある。ユダヤ人は瞑想の様々な技術に精通してきた。例えば、モーゼのイェホバ幻視や、歴代の「預言者」――イザヤの宇宙を満たす神の従者の幻視、「聖霊」によって宙に浮き、そこここへと移動したエゼキエルの恍惚、バールシェムトーブの受けた霊感とハシディズム運動の創立など、預言という事実そのもの――などは、このことをまざまざと証明するものとなっている。タルムードにおいても、あいまいなほのめかしで、「メルカバ」即ちエゼキエルの幻視に現われる「聖なる戦車」についての発達した伝統が存在することが書かれている。この世界は「流出」の一過程であり、（ヘーゲルの表現を使えば）「現実」がその「他者なるもの」へと流出していくものであるから、この「戦車」によって人間が上界に登るための路が必ず存在するに違いない――「戦車」とは、人間を未見の領域へと運ぶ乗物、もしくは手段なのだ。『光輝《ゾハール》』も「聖なる接吻」について述べており、それによって人間が自らの「根本」と統一されるとしている。これについては、テトラグラマトンの文字の統合について触れながら「雅歌」中で「ねがわしきは彼その口の接吻をもて我にくちづけせんことなり」のようにさらに詳しく説明されている。そしてさらに、以下の文章を私はここで引用する必要ができた。「天国の最も神秘なる、そして最も高貴なる場所に、『愛の園』と呼ばれるある宮殿があり、そこには隠された深遠なる奥義が在りまた『王の愛』による『接吻』がある……そこでは、称えんかな、『聖者』が『聖霊』（ネシャマー）と出会うのである。彼は歩みを進めただちに彼女と接吻し、そして抱擁しまた愛撫するのである……愛する娘に対する父の習慣のように、接吻し、抱擁し、贈り物をするように、幸いなるかな、『聖霊』も毎日のように純粋な魂に行っているのである」（ii、97 a）

（誤まった印象を与えるのを防ぐために、読者諸氏には、カバラ教典の原本を検討する際、擬古体やエロティックな表現形式を考慮に入れねばならないことを警告しておかねばならないだろう。ここに展開する根本的理由を念頭におけば、型にはまった著述の形式を見抜き、また理解を得ることに何の困難もないであろう）

しかしながら、この時点ではヨーガとしてのヒンズー的形態をもつ瞑想について論じてみよう。なぜなら、この体系は非常に綿密に述べられており、瞑想こそが総体的な教義であって、その特定の部門を、十のセフィロトに帰属する階級《グレード》に関した論議のために残しているからである。

パタンジャリは彼の「経《アフォリズム》」の第一章で、瞑想を「思索原理の修正を妨げるもの」と定義している。これほど簡単な事実の陳述が、宗教の教義や倫理上の感傷主義によってあいまいにされたために、何世紀にも亘って誤解され続けたことは驚くべきことである。「倫理学」は、それでも次のことを除けばこの問題にほとんど関係がない。即ち、実践者は、彼がそのコントロールを試みている「ルアク」を、訓練の間はどんな感情も情熱も妨げないように生活しなければならないということである。

思索修正がコントロールされるべきである「ルアク」は、そうすることによって得た平穏を「ネシャマー」が突き進むことを許してはいるが、これまでに示したように、それは人間において最大の力ではない。それは一つの特定な機能、「イェキダー」の道具にすぎず、「イェキダー」によってそれは考え、働き、経験するのである。ブラヴァツキーは『沈黙の声』の中で書いている。「『精神』は『現実』の偉大なる『殺戮者』である。弟子をもて『殺戮者』を殺戮せしめよ」これに述べられている理論は、精神とは、その構造が印象を「現実」に対して呼び起こしがちではあるが、印象と象徴的に関わるメカニズムにすぎない、というものである。それゆえ、意識的思考は根本的に虚実のもので、現実を知覚することを妨げているものなのである。

瞑想にはただ一つの単純な根本的本質があるだけで、それはすべての教義や道義を超越したものである。即ちそれは、思考を停止することである。「神秘的」体験へと通じる主要なステップについてのこの説明は非常に重要な意味を持つものである。これは、祈りを、そしてその目的を説明している。幾つかの実践については、そのすべてが単なる「ごまかし」とみなされているが、それはいわば、思考の流れを遅くし、究極的には思いのままにそれを止めてしまう能力を得るためのものなのである。ヒンズー教のイメージがこの理論を完璧に説明している。五つの氷河――五感――が流れこむ湖がある。湖は精神である。氷、即ち種々の印象が絶えず湖に流れこみ、水面は乱れる。一度氷河の流れが止まれば水面は穏やかとなり、そうして初めて乱れのない「息子」を映すことのできる円盤となるのだ。「息子」とは即ち、アウゴエイデス、自ら輝くものである。

睡眠中は思考が静止しているのが真実である一方、知覚機能もまた静止している。思考の目覚めによって邪魔されることのない完璧な警戒や警告を我々は望んでいるのであるから、この方向に進んでみよう。「アーサナ」と呼ばれる訓練によって、身体の意識を静止させることがまず必要な準備だと考えられている。――これは一つの姿勢で、ある程度の技術に熟達すれば、身体的な妨害によるメッセージは脳へと送られることがなくなるのである。

恍惚状態にある人の呼吸が、きわだった奇妙な様相に乱れることは知られている。一例を挙げれば、呼吸の過程が非常にゆっくりとなり、リズミカルとなるのだ。科学的方法においてヨーガはそれを逆に行い、信者はゆっくりと深く呼吸することによって、強いて神秘的状態のある様相に達しようとするのである。この理論を聖イグナチウス・デ・ロヨラの「訓練」の裡に見出す者もあろう。この訓練によって、強制的な意識への進入から締め出される思考もあれば、精神の中へ確かに入り込んだものも以前よりはゆっくりとなって、実践者はその虚偽を知る充分な時間を得ることとなり、順次それを無力化することができる。手短かに言えば、呼吸率と脳の状態もしくは精神状態の間には確かな関連が存在し、ちょっとした実験でそれは確かめることができるであろう。

感情もまた、精神を興奮させるのを防ぐために鎮めなければならない。プラティヤーハーラでは、精神をさらに深く分析している。それは精神の内容物についてのある種の総体的な検討であり、プラティヤーハーラ的内省においてはバークレーの観念論に内在する論証が直接に感知することができると言われている。

これに従うことによって、我々はいかなる性質の思考をもコントロールし制限することに着手し、最終的には追い払うことになるある単一の思考に直接集中することによってすべての思考を抑えるのである。フィヒテ哲学では、精神の内容物はいかなる時も二つの事物から成るとしている。二つの事物とは「客体」即ち「非自我《エゴ》」、変化するものと、「主体」即ち「自我《エゴ》」、明らかに変化することのないものである。瞑想において成功すれば、客体を主体と同様に変化しにくいものにするという結果が生まれ、これによって驚くべき衝撃が訪れる。なぜなら、ここに統一が起こり、二が一となるからである。バールシェムトーブのイスラエルにおけるハシディズム後継者、ラビ・バエルはこう教えている。ある一点に思考力全体が集中するほど客体の熟視に熱中すると、その時自我がその点において混合され、統一されるのであると。これこそがオカルト文学において度々言及される神秘的「結婚」であり、これに関しては非常に多くのとっぴな象徴が用いられてきたのである。この統一には精神の完全に正常な均衡を覆す効果があり、すべての詩的、感情的、霊的能力を崇高なる恍惚状態に巻き込んで、同時にまた残りの人生が全く陳腐なものと思わせてしまうのだ。これは、言語の達人にさえ表現することのできないような異常な体験として訪れ、ただ素晴しい記憶——細部にいたるまで完璧な——として残るだけである。

この状態の間、時間、空間、思考などという限定状態はすべて失せてしまう。この体験の持つ真の意味を説明することは不可能である。ただこの経験を繰り返すことだけが理解をもたらすことができる。なぜなら、これは妥当な叙述のかなわぬ体験であるのだから。主体がもはや何ものも語ることのない純粋な無制限、そしてそこでは、客体と主体のどちらをも超越したただ畏敬すべき霊的理解が残っているだけである——即ち、名称を持たぬ一つの体験なのだ。

それはあらゆる体験のうちで最も強烈な体験である。これは精神に対する最高の一撃であって、これと比べれば、普通の生活におこるすべてのできごとも闇のなかでのできごとのようなものなのだ。この意識の状態をさらに強烈に体験した人間は完全に解放されることとなる。束縛を持つ宇宙はその人間のために破壊され、また彼も宇宙のために破壊される。こうして彼の意識は妨害を受けることなく前進することができるのである。

さて、「魔術」もしくは「実践的カバラ」は、その目的としてこれとよく似た意識の状態への到達を持っている。もっとも、それに至る方法はこれとは違った角度からではある。ちょうどヨーガに多くの技術的手法があるように、「魔術」にも様々な手法がある。釈義のこの段階では、私は『セフェル・ラツィエル・ハ・マロク』や『ソロモン王の大いなる鍵』のようなカバラ的書物の大半を成す魔除けやお守りについては無視することとする。私の言及するのは主に、例えば『術士アブラメリンの聖なる魔術』や、また「生まれざる者」、「リベル・イスラフェル」のような祈禱文に現われる精神的魔術についてである。後者は「死者の書」から採られたものである。また、叙情的な儀礼の力強い断片がディー写本に見出される。ある人が己れの瞑想を完璧なものにしようとする時、人間の意志と「ルアク」の反抗は激しいものであり、経験のみによって、コントロールから逃れようとする精神がいかに悪魔のような巧みさで働くかを知ることができる。そのような意志を訓練する手法はあり、それによって自分がどれほど進歩したかを調べることが幾らかなりとも簡単なこととなる。魔術的儀式はこの目的のための記憶力増進の過程である。私は「実践的」カバリストによって用いられる「道具」への異論に答えるために記憶力という言葉を、熟考の上で用いている。

行為、言葉、思考のそれぞれによって、儀礼の一つの目的——「聖なる守護天使への祈り」——が絶えず示されてきた。香をたきしめること、祈ること、追儺、周行はただ一つの目的を覚えているためのものであり、その後に——象徴の象徴、感情のあとの感情が加えられた後に——至福の時に至るのであって、圧倒的なオルガスム、既定の方向への「意志」と「魂」の恍惚的突進によりその時こそ身体のすべての神経、「ネフェシュ」と「ルアク」の力の径のすべては最大限に働くのである。

その働きにあるすべてはそのために整えられているのであり、かくして「魔術師」は彼の唯一の「目標」、唯一の「真の目的」を思い出すのである。魔術師は、彼の儀礼に用いるすべての武器と道具が、彼の選んだ目的を思い出させるのに役立つよう定めるのであり、すべての印象を（カバラ文字の観念連想によって）最後にはその事物へと行きつく一連の思考連結の出発点と成すのである。彼の持つエネルギーのすべては、すべての行為を自分の祈りに役立つものとすることに決定づけされるのである。

彼の知覚している宇宙を象徴する「礼拝所《テンプル》」において、彼は自分の業《わざ》の本質を告げる円を描く。その円とは、本質的に「無限」（アイン）の普遍的な絵文字であり、これをもって彼は自分の主体性を主張し、さらに確かな目標即ち彼の「天使」を得るために自己を制限していること、もはや物質世界、幻影、つかのまの世界を流浪してはいないことを主張するのである。この円は様々な神の名、即ち、外部の悪意ある悪魔や、自分の経験主義的自我即ち追い払い超越しなければならない敵意ある思考から自分を守ってくれるよう彼の頼む影響力によって保護されている。この形象のなかに、彼の業のすべての基、即ち「祭壇」、彼の不変なる「意志」の象徴がおかれる。すべてのものが「祭壇」の戸棚の中にしまわれている。頭上の「ランプ」は別で、これは彼の「真の自我」であり、下界のすべてを照らすものなのである。

この祭壇上には彼の「棒」、「剣」、「杯」、「五芒星《ペンタクル》」が並べられる。「棒」は、現世における、「神の如き意志」、「知恵」、「創造的言葉」、彼の聖なる力の象徴である——ちょうど、「剣」が彼の人間的力、「ルアク」の鋭敏な分析的能力を表わしているように。それは、印象と象徴的に関連するメカニズムであり批判能力であるところの精神なのである。「杯」は彼の「理解力」、彼の「意志」の受動的な相である。これは彼を上界にある「あるもの」と否定的《ネガティブ》な面において結びつけ、上界から下降してくる影響力に対して彼を空虚にし、受容的にさせるものなのである。「五芒星《ペンタクル》」は平らなもので、彼の「聖霊」のおわす所である。現世における地上のことであり、彼の下位なる本質、彼の肉体である。祭壇の上には「聖油」の小瓶があり、これはより高貴なる自我、より高位なる実在への欲求を表わし、自分を神聖化するもので、「大いなる業」においてこれはすべてに触れる。「聖油」の周囲には他に三つの武器がある。自分を苦しめるための「鞭」、自分を傷つけるための「短剣」、自分を最後まで縛りつけるための「鎖」がそれである。この自己鍛練こそが彼の欲求を純粋なものとするのである。頭には黄金の「冠」をかぶり、これによって君主の地位と

魔術の武器

	セフィイラ	武　　器	象　　徴
1	ケテル	ランプ	霊的光輝及び真自我
2	コクマー	棒	魔術的意志及び神の意志
3	ビナー	杯	直観
4	ケセド	笏と王冠	貴族と神性
5	ゲブラー	剣	理由、異なる思考を消散させる能力
6	ティファレト	十字胸飾り	〝大いなる業〟をなしとげる意志
7	ネツァク	ローブ	壮麗、栄光
8	ホド	呪文の書	カルマの記録―魔術的記憶
9	イェソド	祭壇と香	集中した意思、熱望
10	マルクト	テンプル、サークル、ペンタクル	聖なる亡霊のテンプル

神聖を表わす。そして、神聖なる結婚がそのうちで成しとげられる栄光と沈黙を象徴化するローブをはおり、胸の心臓の上には、「大いなる業」についての彼の概念を要求し、自らの手による独自の業の本質を表わす「胸飾り《レイメン》」をつけるのである。

こうして、それぞれの道具を彼に一つの目的を思い出させてくれる象徴とすることによって、最後に彼は神秘論においてのものと同じ目的地にこの業でも到達することができるのである。神秘論は、合理的意識を衰えさせること、いわば、二元性の破壊によって働いた。ここにいたり魔術的戦車の乗り手は観念を観念に、恍惚を恍惚に加えるために進み、ついには精神がそれ自体を保つことが不可能となり、その限界から流出し、圧倒的な至福のオルガスムのうちにそれ自身を名前を持たぬ「もの」と統一するのである。

カバリストは魔術的武器の象徴の本質について考察することを提案している。もちろんフロイト的なものが存在し、そのような解釈から真の価値を持つ多くのものを抽き出すことができる。それがもっぱら性的なものであるという根拠から、宗教や特に魔術を非難するような浅薄な識者に私はほとんど共感することができない。そのような場合の唯一の解答は、それほどの不条理から何が意味されるかという定義を問うことであろう。例えば、「創造的意志」が杖によって象徴化されており、杖がそれ自体男根によって表わされることは事実である。しかし、象徴のそのような配分は、高位の霊的次元においては地球のしるしとなるのである。『光輝《ゾハール》』の学徒であれば、セックスが秘蹟に準ずるものであり、その利用も宗教的なものと境を接していることを独自で発見しているかもしれない。いずれにせよ、その意義は諸支配力や諸勢力を暗示しており、それは、過去においては「無意識」に関する、そして現在においては腺と腺の切開による人格と意識に及ぼす影響に関しての興奮にも似て、単に生理学上にとどまらない問題を提供している。読者が心しておかねばならない事実とはこのことである。テウルギー（エジプトのプラトン学派の者などが行った神秘的呪術）の実践と儀式に関連して、ゴーチア的な曖昧さを少なからず離れて、ウェイト氏の『神秘主義の研究』の中には、かなり深遠でここに引用の価値ある所見が一つ二つある。

「古代の神秘論者が従った霊的プロセスに通暁した人は、それらのプロセスが……偉大なる秘儀伝授の祭儀に正確に叙述されていることを知るのであろうし、それらのもたらすものが……儀式の劇的側面が伝えることのできないものの代用品であるにもかかわらず……志願者がまた別の方法で準備していれば、彼が真の体験の領域へと進むことのできるような、彼の裡で誘発されるべき条件が存在するのである」

また別の観点から見れば、魔術師は彼のあがめる調和宇宙とこれを和合させようとするのである。これまでに我々が知った如く、「太陽」は彼にとっての霊的本源、一つの「神」である。「月」もまたそうである。諸惑星もまた彼の生命と関連する「諸力」である。そして、調和宇宙のリズムこそは彼の逃れることのできない、そして逃れてはならない何かであって、それがなくては彼の存在の本質が衰えてしまうものなのである。魔術師の目標はこれらの霊的潜在力と己れを統合することにある。古代の祭司は——儀式において——「新参者」にこう言ったのである。「私のどの部分も神々のものではない部分はない」

初期キリスト教はこの精神、即ち古代の異教的な霊的儀式の挙行をなくそうと努めた。そして、それはある程度まで成功したのである。教会はすべて異教的、隠秘学的なものに難色を示し、惑星や黄道十二宮への信仰を撲滅した。たぶん、その時には既に占星学は単なる運勢判断となり下がっていたためであろう。彼らの目論見では、一年の天文学的な祭日をも排除するつもりだったのだろうが、その代わりに別のものがその位置を占めただけであった。その後に分裂が起こり、これまでの教会の統一は乱れ、新教が人間の生活にある一年の宗教的、祭儀的リズムにとどめの一撃を加えることとなったのである。非国教主義が巧妙さをもって底知れぬほどの犯罪の仕上げをした。今日我々の偉大な進歩を示すには、貧しく哀れなまとまりのない大衆と共にアメリカ映画、政治学、そして、自然やすべての現象の底流である普遍的な霊的諸力と調和した生活を欲する人間の永遠の欲求を満足させるための虚しい休暇が存在するのみである。

秘儀参入者は、人間はパンのみにて生きるのではなくて永遠におわす神々を自覚し、そして公転する太陽、月、地霊によって生きていくのだということを理解していたから、秘かに聖なる日や祭儀をもとにもどしていった。それはちょうどギリシアの異教徒達がそうしたように、日の出、正午、日没、真夜中、即ち毎日の太陽の四位置にあって崇拝のために立ち止まったりしたのだ。次には古代の周期、「復活祭」、即ち受難であり「太陽神」の概念であるもの、それから「ペンテコステ」、またその九カ月後の「クリスマス」、彼の復活を表わすものをもとに戻した。キリスト教紀元以前には、何世紀もの間、国々は彼らの「司祭」―「王」―「熟達者」の指導に従ってこの宇宙のリズムに合わせて生活してきたのだ。

この儀式にこそ我々は帰ることが賢明であると警告されている。なぜなら、必要であれば言葉に出すのだが、我々は、我々のより大いなる必要性を満たすことが不可能であるがために我々の魂の外界から蝕まれているのであるからだ。我々は、我々の内なる栄養と生命力の永遠の源から切り離されている。源は永遠に宇宙の中にあるのだ。人類は確実に死にかけているように思える。そして、人間の崩壊しつつある肉体からは大宇宙でさえ死につつあるように見えるのである。

最近のD・H・ローレンスが見事に記している。

「『知識』が太陽を殺し、黒点を持つガスの球にしてしまった。『知識』が月を殺し、天然痘にかかったような死んだクレーターに侵食された小さな死んだ地球にしてしまった。機械が大地を我々のために殺し、我々がその上を移動するためのいくぶんでこぼこした表面としてしまった」

　ローレンス氏は続けて、もし我々が人類を再び霊的実在に直面させることができれば、このすべては我々が古代の姿に戻ることを意味すると述べている。

　しかし、我々はまずそれらの姿を再び造らなければならない。古代のものを、現代の要求に合うものへと進展させねばならないのだ。どのようにしたら宇宙を脈動する生き生きした姿へと蘇らせることができるだろうか？　これらのものから、どのようにしたら名状しがたい幸福で満たしてくれる魂の天国の偉大な球を取り戻すことができるのだろうか？　我々が帰らねばならないならば、どのようにしたら、アポロン、デメテル、ペルセポネーや、それらに類する神々に帰ることができるのだろうか？　バッカスやディオニュソス、そして永遠の自然と生命の恍惚をもたらす諸力、エレウシスの祭儀の信仰に戻るには？　これこそが我々の問題であり、いつの日にか我々が直面し解決しなければならない恐ろしい問題なのである。

　我々はその姿を戻さねばならない。なぜなら、その中にこそ我々の「魂」が存するのであり、「魂」こそ我々のより大いなる意識なのであるからなのだ。そして、その事実を我々は感じている――否、知っているのだ。我々の頭上にあるのは枯れた月の小景と共に冷たい理性という萎えた世界。太陽は燃えているガスにすぎず――これは乾いて不毛なものだ――即ち、乾き、不毛な知性の世界。

　この世界が我々と連結していることを知る時、この黒土が子宮であり、ヌイトの象徴であることを知る時――ヌイト、即ち「天界の淑女」にして我らの喜びの母――、美しく輝く月が、我々の肉体を喜びとし、また優しくそれを奪っていく時――なぜなら、月こそ不断の変化の表象であり、アルテミスは天上の狩人であるのだから――、また、偉大な黄金の獅子の神、ラ＝ホール＝クイトが我々に暖かさと栄養を授けてくれ、もしくは赤い怒れる獅子としてきらめく牙の大口を開いて我々の前に立ちはだかる時、その時はじめて我々は宇宙とは我々がその有機的な一部である生きた有機的組織体であることを理解するのである。

清澄なる朝まだき、遠く地平線にかかる波うつ雲の紫にかすむ際から昇る輝く太陽の円盤がその偉容を現わす時、身中に精神が刷新され、静かに激しい感情が走るのを覚えぬ人間がいるだろうか。その黄金の夜明けに恍惚とした喜びから両手をふりあげ、讃美と至福の礼賛をしめすのである。

「讃えんかな汝ラーよ、汝の出ずるに、汝の力に、汝、天界を旅し、日輪の出ずるに叫びたるものに。

「タヒュティは力もて船首に立ち、ラ＝ホールは舵輪につく、讃えんかな、汝、夜の居所より出でしものよ」

ここにこそ我々は帰らねばならないとカバリストは言うのである。即ち動的な活気のあふれる宇宙の概念へと。そしてその方法は日常の儀式によるのだ。つまり、我々自身の胸中、魂、そして肉体に生きた存在として決して終わることなく顕現する神々への祈りによって、我々の再覚醒をもたらすのだ。

これこそが「実践的カバラ」の概念である。手短かにその目的を要約すれば、カバリストは「魔術」がトランス状態——この単語の本当の意味においては「超越すること」——と「恍惚」を生み出すのに役立つと主張している。なぜならば、「魔術」は精神の素晴らしい訓練となるし、瞑想の準備となりまたそれと関連した「意志」の発達をもたらすからである。他の手法の不可能な点において、「魔術」は魂を、「統合」の成功の前兆である「深淵」を越える、非人格的な神聖の高みにまでも上昇させるのである。それは精神の視野をも拡げ、専断的な限界を取り払い、「自然界」のどんな微妙な次元にも精通することを可能にして、「聖なる接吻」もしくはハシディズムの用語を使えばヒスダベスクの恍惚をもたらす成就にふさわしい材料を得ることを可能にするのである。

人々の中には、神秘的体験の利点やそれのもたらす種々の利得に気付いていながら、その発展段階において彼らの目に危険と見えるようなことで度を失ったり驚いたりする者がいる。

これらの自己催眠へと行きつくプロセスはすべて虚偽であり、その支持者は、多数の症例の医学的証拠もなしに度をすごしたことをしているという。てんかんや幻覚、狂気にも同様な批判がある。しかし、イチジクはアザミにつきはしないし、同様に無体系なものからは体系や倫理的達成が生まれるわけがない！　もし神秘的体験が——それによって必然的におこる宇宙の拡大と、人間の特質と健全さを高めること、また知識の伝達とともに——アブノーマルな精神病や病気であるなら、我々はこれを最後に我々の持っている正常であるものと異常であるものの概念を変えねばならなくなる。存在しているすべての価値を再評価しなければならないのだ。クリシュナや仏陀、プラトンやその他、同様に著名な者もそれほど有名でない者も、その力を自己催眠やてんかんに負うていたとするなら、てんかんについて我々は大いに論議をつくさねばならないはずである。これらのものこそ、この世界においてその神秘を守る堅く閉ざされた扉を開く鍵となるものである。

しかし、これについてはもう充分である！　これらの反対意見はその体験と、それに到るための手段についての全くの無理解からきているのである。フリードリッヒ・ニーチェは彼の『悲劇の誕生』で、ギリシア人のバッコス祭合唱隊の恍惚、ドイツ中世においての聖ヨハネ祭や聖ファイト祭の舞踊者の熱狂的な自己忘却に対して加えられる攻撃について、憤然とこう言及している。

「経験不足のいたすところか、あるいは鈍感なためか、これらの現象を見るに、あたかも『大衆病』を見るかのごとく、俺は健全だ、という意識から、軽蔑、または憐憫をもってこれから目を背ける者たちがある。哀れなるかなこれらの徒輩は、ディオニュソス的熱狂者たちの燃えさかる生命が彼らの傍らをどよめき過ぎるとき、ほかならぬ彼らの自称すること『健全』なるものが、いかに死人のごとく生色なく、幽霊のごとく儚く見ゆるかを、勿論夢想だにしな

いのである」（理想社刊、ニーチェ全集第二巻「悲劇の誕生ほか」塩屋竹男訳）

ウィリアム・ジェイムズ教授は『宗教体験の多様性』で書いている。

「医学的物質主義がそのように広範な懐疑的結論を得たわけではない。どんな単純な人間にさえ確かなように、精神状態のうちで、あるものは確かに他よりも優れているのである。ここにおいて、通常の霊感を得た判断というものが役に立つわけである。これらをその望ましい状態で生み出す生理学上の理論、即ちそれによってこれを信頼できるものとするものはない。そして、それの嫌う状態を信用できないものとする試み、即ちそれらを神経や肝臓と結びつけ、肉体的苦痛を伴う名称と結びつけるものは、すべて非論理的かつ矛盾するものであるのだ」

最近（一九三一年五月二七日）、数学者で科学啓蒙家のJ・W・N・サリバン氏は、「デイリー・エクスプレス紙」に、非神秘学的著作家であり現代の思索家として、これまで私が説明しようとしてきた経験についての認識が生じたかのように思える記事を書いている。

「神秘主義は単なる知的な倒錯ではないと私は信じる。

「人間の意識は発達するものであり、神秘的意識は、私達がこれまでに到達した段階よりも高位にあると私は信じるようになってきた」

その経験は、瞑想によって得られたものであれ「魔術」によって得られたものであれ、主―客といった状況に分化したようなものではない全く新しい意識のタイプの出現によって特徴づけられている。なぜなら、主―客といったものは「一」に融合しているからである。その経験の瞬間、見たり聞いたり感じたりしたものはすべて、内なる人間の深みよりあふれるもので押し流されてしまう。通常働いてはいない奥底深く潜んだ力が突然解放され、我々の内なる生命をばらばらの構成単位に分離し制限している障壁は打ち破られる。全きの人間、即ち、セフィロトの「樹」とそのすべての属性――完璧かつ統一された経験――の統合体と考えられるものは、己れを見出すのである。それだけでなく、「深淵」の上方より来たる超越した知恵もまた、「ルアク」に満ち、それを止揚させる。そして、より大きく包含する意識、開かれゆく存在が感知されることとなる。それは、ある方法で「実在」の究極の源と繋がりを持つ、生命の新しいタイプ＝レベルの出現なのだ。それは言語に絶した生命の充足に向かう、自我の全存在たる大波ともいえる。

　読者諸氏は、これまで私が一般に「自然神秘学」と呼ばれるものについて何も触れていないことにお気付きかもしれない。そしてまた、その擁護者についても何も言ってはいない。彼らは美しい景色に思いを集中することによって、己れの内部に「自然」が定着することを見出した人々である。それは、天界を崇拝するがごとくに、緑の大木や、やさしい風に揺れる繁った梢、エメラルド色のみずみずしい草原、野原を越え「母なる海」へと曲がりくねりながらたゆまず流れるせせらぎに思念を集中することなのである。実際には、これは本書において私が解説しようとした分野には属さないものであるが、これまで示した根本原理を知らず知らずに応用することで、この体験でさえ分析ができるのを簡単かつ簡潔に示すことができる。広がるアルカディアのごとき草原や、うねうねと続く丘の圧倒的に豊かな美しさ、奔放なほどの多様性は、どこの誰かということによって二つのうちのどちらかの働きを見る人にもたらす。「自然」の、隠され、はるかな根底に広がっている、畏敬の念をおこさせるような平和と静けさは、一つのタイプの人間には休みのない精神への潜在的な鎮静の役割を果たす。「思考原理の修正」は、「瞑想」におけるのと同様、自動的に妨げとなるのである。しかし、二つの主な相違はここにある。というのは、後者――瞑想――においては、実践者は意識的かつ意志により「ルアク」のうず巻く運動をスローダウンしようとする。しかるに、前者においては、その体験が自然発生的であり高貴ではあるが、望み、願ったものが本当に起きるかどうか確信を持つことはできない。

それは、南国において、激しく強烈な雨の後に見る、優雅なほどの静けさのように訪れるのである。さて、二番目のものにおいては、最初のものと同様の景色、即ち多くの力の召集を告げるかのような暗い密やかな森の様々な感情、小川やせせらぎの歌、梢で陽気にさえずる小鳥――これらすべては「儀式」における記憶術的基盤、我々が名づけるところの「魔術的効果」が生じるための必要性を生むものなのである。それは、それらが受容的な精神を歓喜とうれしさの念からの恍惚で飲み込んでしまう。そして個人の「ルアク」は、一時的に習慣、禁忌、制約といった抑制する壁を超越し、不毛の砂漠「深淵」のかなたの「ツーレ」へと飛翔する。そうでなければ、「普遍なる自然の魂」との崇高なる結合へ至るのである。これ以上の比較はここではしないが、クレア・カメロン嬢の素晴らしい作品、『英国の緑野』に、ここで言及した「自然体験」の一典型の例がある。少々長くはなるが都合が良いので引用しよう。

「陽光のあふれる静けさの中に長い間過ごすのは素晴らしいことでした。そこでは、心の大きく開いた扉から水晶のような光と海の低いさざなみの音が入り込み、その扉が閉まってからも長い間それは残っておりました。砂に長々と寝そべっても水中に潜っていても、生きていることはとにかく素晴らしい。町では誰も知らないような若さということを強く意識しました。太陽の炎と海のリズムからできている元気いっぱいの幸福な若さ……砂に横たわった身体は、それらすべてを受けとめる船、貴重な、神から与えられた聖杯で、愛と同情で張りつめ、魔法のワインがこぼれたり、魔法が解けたりしないよう、身動きなどできませんでした……私が思ったのは、こんなに幸福だったことはない、私が飲んだワインは、大地の普通の成分からできたものではなく神々のワインなのだ、ということで、それが実はどちらも全く違わないものなのだということはかすかにしか考えずにおりました…それらに潜み、なおかつ明らかにされたものは、すべての愛しく大事なものの中心に燃えさかる秘密の『美』であり、同時に剣でありいやすものでもあるもの、『真実のお守り』であり『生命の糧』であるものなのです。

「……天の炎へと反応する熱烈な大地をごらんなさい。色彩が消えゆくと二つは一つとなって、二つの統合の神秘的な恍惚を覆うために夕やみが迫ります。美しく雄壮な大地。穏やかな空と空気の熱烈な接吻。私の神々、私の恋人達、私の友人達。昼間は彼等と一緒にいるだけで充分。彼らの遊び友達、彼らの支持者、決してすべてあかされることのない秘密や、完全に理解することは決してできない知恵を聞くだけで。誰もが彼等と一諸にいる。力強い手を持ち、隣を駆ける強い足を持ち、心に同じ喜び、血には同じ炎、言葉に出さない同じ生命の喜びをもって！　しかし、夜の芳しい闇の中、沼沢地帯の青い月のもとに大地が魔法にかけられる前に、空気のなかに心を騒がすものが生まれて五感を浸し、お喋りも散歩も読書も笑いもそれを鎮めてはくれない。それはまるで、牧神の笛が長く低く甘く、短調ながら日光のもとで聞いたどんなものよりも魅力的な音楽を奏でるように。それはまるで、目に見えない連れとの日中の遊びも喜びも充分ではなく、夜は見知らぬ、人間の感覚ではついていけないようなところへと連れていってくれるかのように……そこは禁じられた場所ではなく、秘密の、忘れさられた、人間の粗悪な理解力から隠されたところへと……『さあ、さあ！　おいで、おいで！……』あてもない散歩をした後、突然の平穏が私に蘇りました。というのも、水の精が私の傍で、私の歩みと心臓の動きで時を計っていてくれたのです。水の精は私の中に入り込み、言葉でいえないほどの喜びと充足感と満足を私にもたらし、砂の小径と曲がった階段、そして広大な眠りの王国へと私と共に歩んでくれたのです……」

カバラの採る手法は世界に新しい科学をもたらし、それを始めようとするものには広大な調査領域を与えることとなる。科学者は、記録し、分析すべき分類されていない現象を発見するであろう。哲学者には新しい意識の状態があらわにされるだろう。その状態とは、彼がこれまで追求してきたまさにそのものであるがゆえに彼には閉ざされていたのである。心理学的見地から、以下のことは論議の的となっている真実の経験である。

1・我々の通常の観点からみて、結果は全く非論理的であるが、他の何ものも与えてくれないような特異な知識を与えてくれる。

2・すべての人間の神秘的状態は、彼らの年齢が様々であるにもかかわらず、異様なほどの類似性を見せている。

3・それは「実在」を表わす何かと関連している。

4・その経験は明解な結果――天才――を生む。

その経験は努力を必要とするすべての分野に芸術と天才を生み出す。なぜなら、その経験のうちには語るべきすべての形態があり、その形態の瞬間的な姿を得ることができるからである。生命の外見ではなく「生命そのもの」の近しい、かつ熱心な観察者に人間はなるのであり、「至福の直視」から存在の意味を読みとり、それらの心象から、生命とその真価を表現するため、自分を天才と成さしむのである。

「瞑想」や「魔術」の心理学的また霊的現象は、全体として、純粋に分析的な観点から科学的に分析されねばならない。そしてその状態――神秘的体験に至るもので、いささか野蛮であいまいな見識の狭い感情的神秘論とは全く異なるもの――も正確に観察されねばならない。これこそ幾人かの誠実な人々の求めることである。科学的方法をこれらの手法や結果に応用することを主張することによって、カバラ的研究が物理学のように体系的かつ科学的なものとすることができ、不快から救い、これを得ることによっての利益を最も必要とする人々、最もふさわしい人々の正直な心の尊敬の対象と成さしむことができる。確かな古代の概念を用い、それを我々の分類方法によってふりわけることによって、我々と「真実」への到達との間にある要塞のよりどころを攻撃するのに理想的な大砲を我々は所有していることを私は言っているのである。

「薔薇十字団」から（もっとも、ここでは現在その「源」からの直系の組織が存在するかどうかという議論には立ち入らない）、我々は階級の体系を受けついでおり、それは以下のように図示することができる。

1、ケテル …………… イプシシマス　10°＝1□

2、コクマー …………… メイガス　9°＝2□

3、ビナー …………… マジスター・テンプリ　8°＝3□

4、ケセド …………… アデプタス・イグゼンプタス　7°＝4□

5、ゲブラー …………… アデプタス・メイジャー　6°＝5□

6、ティファレト …………… アデプタス・マイナー　5°＝6□

7、ネツァク …………… フィロソファス　4°＝7□

8、ホド …………… プラクティカス　3°＝8□

9、イェソド …………… ジェレイター　2°＝9□

10、マルクト …………… ニオファイト　1°＝10□

1. Keser …………… Ipsissimus 10°＝1□.

2. Chokmah …………… Magus 9°＝2□.

3. Binah ………… Magister Templi 8°＝3□.
4. Chesed ………… Adeptus Exemptus 7°＝4□.
5. Geburah ………… Adeptus Major 6°＝5□.
6. Tipharas ………… Adeptus Minor 5°＝6□.
7. Netsach ………… Philosophus 4°＝7□.
8. Hod ………… Practicus 3°＝8□.
9. Yesod ………… Zelator 2°＝9□.
10. Malkus ………… Neophyte 1°＝10□.

位階の番号、例えば、3°＝8□といったものは、ここに「土星」と「水星」の均衡が関わる影響があることを意味している。これを見てもし失望したのなら、これまでに偉大なる「生命の樹」の三つの大きな枝を登ってきたことを思い出すべきである。自分本位に誇りに思っているなら、もう八つのこれまでと同じ位に重要な階段をこれから登らなければならないこと、そして困難のほとんどはこれから征服しなければならないことを思い出して欲しい。すべて、数字は、これまでの作業によって明らかになった概念と、これから得る利益とを結びつけるものなのである。

学徒は、次の位階において用いられる様々なテクニックと親しむ「見習い」期間を終えた後、マルクトにいるとみなされる。「新参者《ニオファイト》」として、彼の特に必要な作業は、三十二番目の「径」タウによってイェソドに進むために、「星幽界」と呼ばれるものの完璧なコントロールを得ることである。この説明を容易に理解するためには、一四ページの「生命の樹」の図を見るのが役に立つだろう。「アダム・カドモン」と題された章の主題を理解した読者諸氏には、星幽体という概念もそれほどなじみのないものではあるまい。この星幽体は完全に形成され、強化され、純化されて、明確な、輝くはっきりとした有機的組織体として、物質的身体とは独立して機能し、その次元の幻を処理し得るようにしなければならない。「新参者」は幻視により、これまで全く知らず彼には意味をなさない一つの象徴を解釈することによって、その次元をはっきりと正確に見る能力を試される。その時には、選ばれたその事柄が書かれている本を読んだことがあるかのように、非常に正確にそれを描写しなければならない。

学徒が、自分の工夫で、「宇宙」についての概念を表わす象徴を刻みこんだ「五芒星《ペンタクル》」を作るのもこの時期における作業である。

ジェレイターの位階に登るにあたって、学徒はヨーガの第一段階、即ちアサーナとプラーナヤーマを学ばねばならない。まず瞑想する姿勢を選び、長時間その姿勢で完全に静止したままでいられるほどそれに習熟しなければならない。その成果は、なみなみと水をついだコップを頭に置き、一滴もこぼさないことによって計られる。プラーナヤーマにおいては、学徒は呼吸の様々な速さやり方で、彼の存在の「基礎」にどんな影響があるかを正確に知らなければならない。ジェレイターの位階は、イェソド、「基礎」に帰属されることを記憶していただきたい。

この位階においての魔術的側面を持つ作業は、鉄の魔術的剣（彼の「ルアク」の分析的批判的能力を表わすもの）を鍛造することであり、一瞬も気どられることなく、いまや想像することができるようになった彼の目的地へと至る進歩を妨げる邪悪な力を切り倒すことに備えねばならないのだ。

プラクティカス（ホド、☿の球、その神はマーキュリー）として、彼は知的訓練を完了することを求められる。哲学と形而上学がこの作業を完了するための手段であり、特に、「聖なるカバラ」については、それ以上に進む前に完全に会得することを求められる。彼がこれまで一度も調べたことのないような数字について、その特質を自力で発見しなければならず、知的な質問に対しての解答として、彼は自分の分野について、科学や哲学の博士のための最終選考を受けているかのごとくにその専門的知識を示さねばならない。

この位階においても、ネシャマー、即ち彼の「理解力」と「直観」を表わす彼の魔術的「杯」を造ることが望まれる。そして、「召喚」の魔術的祭儀にたずさわり、その技能を得なければならない。「召喚」の結果としては肉眼でも明確に見ることのできるものでなければならない。重いガスの濃い雲が通常肉眼でみえるように、少なくともプラクティカスは彼の祭儀によって呼びだした「霊」が見えなければならない。

フィロソファスとして彼は「金星《ヴィーナス》」の球に入り、この位階では、彼の感情的な性質のコントロールを学び、彼の倫理的訓練を終え、彼の献身を深めねばならない。彼はまず特定の概念から神を選び、心をこめて、それが胸中に花開くまで崇拝に身をささげるのである。彼はそれについて様々な方法で、彼の「師」、彼の「友」、彼の「親」、彼の「恋人」、また彼の神の「神官」である自分として傍観しなければならない。これはバクティ・ヨーガ、「献身の径」の統合である。

最初の例では、まず彼は個人の慰めや彼の行いの代償について考えるのをやめる。次には彼の最愛の友人として彼の選んだ神を傍観し、彼の存在に何の気がねも感じなくなる。彼の愛には何の畏れもない。なぜなら、彼は自分を神の子供として考え、敬意を持って距離をおいたり、自信のない気持ちで近づいたりはしなくなるのだ。最愛の者として、フィロソファスにとっては別離という考えだけで最大の不幸、失望、心痛をもたらす。次に彼は自分を彼の神の「大祭司」とみなし、行った祈りや祈願に対しての答えとして彼に姿を現わしてくれるよう嘆願する。それは、キリストに対するアッシジの聖フランチェスコ、アラーに対するアブドラ・ハジ・シラツが持ったのと同様の献身を為さんとするためなのだ。

この時点において「棒」を持つことが必要となる。「棒」は「魔術的意志」の象徴であり、それは非常に強い潜在力を持って簡単な身振りで変化を起こすことが可能となるまで彼が発展させたものなのである。

これらティファレトに先行する四つの位階とそれに関連する技の達成は、ヘブライ語の称号「ハシッド」に相当するものと言うことができる。

ここにおいて彼は全経歴のうちでも最大の危機に近づく。魔術や瞑想の技術的手法について熟達し、これらの武器のあつかいにも熟練することによって、彼はそれらを調和（なぜなら、彼の位階はティファレト――「調和」なのだから）させ、すべての「神秘主義」と「魔術」の中心的作業を行うのに、これらを経験、本能的指示として用いなければならない。「魔術」とは、「知識」と、「聖なる守護天使との会話」の達成であり、彼の「真の意志」の発見、「星」として彼が従わなければならない天球を確定することである。これこそが人間の誰にとっても本質的な仕事であり、個人的な進歩、友人を手助けする力、存在の諸問題を解決する力のどれもこれとは比肩し得ない。この危機と、この先に述べるもう一つのものは、彼の神秘論の経歴には欠かせぬ問題であり、彼の「探求」に絶対的に不可欠なものなのである。

5°＝6□より上の位階について書くことはだんだん困難となる。なぜなら、自分自身がアデプタス・マイナーでなければ、読者諸氏には「熟達者」が何を必要な作業とみなすかを理解する方法が全くない。というのも、通常の学識ある人間の観点と熟達者のものはとてつもなく掛け離れているからである。「聖域」から漏れてくるものは非常に少ないけれども、ここに述べておいた方が良いだろう。アデプタス・メイジャー（ゲブラーの球――「力」）になるには、彼は実践的魔術のすべての業《わざ》、術式の研究に勤み、シッディス即ち魔力として知られているものを得る。

それから7°＝4□、アデプタス・イグゼンプタスの位階に進む。彼の作業は、彼が何であるのか、どこから来たのか、なぜ他のどれでもなくこの惑星にいるのか、彼の運命は彼をどこへ連れていこうとするのかを見出すことである。これは彼の過去世の記憶を掘りおこすことによって達成される。彼はこん棒を手に持ってあざけりながらこちらを向いている恐ろしい傴僂(?)に立ち向かう。彼を何らかの方法で変えずに移動することのできるような原子は身中に一つもない。それでは、彼の未来とは何なのだろうか?　熟達者は、幾つかの言語について、その能力、もしくは、技量を持っている。いくらか絵が描けたり化学の知識を持っていたりはしないだろうか?　これらの達成はどのように彼の目的、もしくは彼が手助けすることを誓った人類の目的に役立つのだろうか?　永劫の昔、蛇として彼は殺された。モーゼの律法のもとに石を投げられた。赤子の時にヘロデによって殺された。このような記憶がどのように彼を助けるのだろうか?

ゆえに、彼の作業はこれらの難解な問題を解き、彼の過去のすべての出来事について完全な理由を知り、彼の現行の技能のすべての目的を知るまで、先に進むことはできないのだ。

これを成して初めて、彼の宇宙についての知識を先に進める準備をするのである。パラケルスス、ロバート・フラッド、ニュートン、バークレイ、スウェーデンボルグのような人達の作品、そしてレヴィの『大いなる神秘の鍵』は、要求される命題の最適の例だという。ヨーガのどんな側面についても完全な精通者でなければならないし、サマーディの本質を経験し、完璧に調査しておかなければならない。なぜなら、それは「宇宙」の本質を探るための唯一の意識状態とみなさざるを得ないからである。

これら「熟達者《アデプタス》」階級の三つの位階は「聖人」らしさの異なったものであり、今日の「熟達者」はかつてツァディク即ち「聖人」として知られていたカバリストに等しい。

次の位階マジスター・テンプリ(ビナー——土星《サターン》の球、即ち「時」、大いなる「死神」であり「死」)になるために、彼の経歴のうちで二番目でより大きな危機に対して心を決めなければならない――「深淵」を渡ることであり、彼の個別の自我を破壊しなければならないのである。この必要は、彼は永久に「熟達者」ではいられず、彼の内なる本質からの抵抗し難い勢いで前へと押し出されていくからである。本質的な達成は、イェキダーを制限し抑圧する「ルアク」の絆を完全に無効にすることにある。これがこの「径」の矛盾なのである。彼自身（「ルアク」――ティファレトを中心とする自我）をすべての可能かつ考えうる限りの方法で完璧なものにしようという信じられぬほどの困難と闘いの後で、いきついた所でそれを完全に捨て去ることが、自己を「自己」にゆだねる時必要となるのだ。

　ビナーにおいて「真実」が得られようという時、何ということだろうか、その「真実」を喜ぼうとする個別の個人としての実体がないというのも矛盾である。個別の「ルアク」であり、輝かしく発達した人格である「熟達者」は、言語を絶した「大いなる海」、「母なるニルヴァーニック・プレロマ」――「天界の都市」、「牧神の夜のピラミッドの都市」――の中に永久に呑み込まれてしまうのである。自意識を持つ存在として、彼をそのようにしているものすべてを普遍なる意識の流れに同化させ、己れを聖なるシェキナー、即ち人類全体のための恩寵たる内なる存在とするのだ。もしくは、他の神秘論者の言を借りれば、彼の血液の最後の一滴までも、我らの「レディ・ベイバロン」即ちシェキナー、ビナーにいる聖なる存在の黄金の聖杯に注ぎ込み、その生命がすべての個人のものと混じった時、彼として残るもののすべては小さなほこりのピラミッドにすぎず、それはヘルメスの「つぼ」に大切にしまわれるという。しかし、この矛盾をそのまま使うなら、根底に潜む「実在」へと帰ることはそれほどの自己破壊ではない。それは「ルアク」の停滞させる絆の破壊であり、これによって顕現そのものを形作り浸透する根底の「生命」を明らかにするのである。同時に独立性は保たれる――ブラヴァツキーが『沈黙の声』で書いているのに示されるように歓喜に満ちて。「喜ばんかな、おお汝ミヤルバの民よ。巡礼者は『かなたの岸』より戻れり。新しきアラハンに生まれり」

実際に破壊されたのは、単に分離された自我の無意識の幻影であり、その幻影がこれまで輝ける「星」即ち内部のモナドに課していた制約なのである。それは、それ自身本当の「生命」を持たぬものから、生命に満ち、本当の、永遠なる、新しいより高貴な再統合の中心へと「観点」を移したにすぎない。

しかしながら、それは単なる知性的な観点の変化だけではないのだ。意識のより高位のレヴェルに統合し、そのレヴェルで万物を見ようとする合理的な決意などというもの以上のものなのである。なぜなら、変化は、いわば重心が「深淵」を越えたところにあるだけに、非常に激しいものであるはずだからである。「大いなる業」は単純な操作である——即ちこの観点の変化であり、「実在」即ち「精神」の殺戮者を殺戮することであるのだ。高度で複雑な有機体と組織を通じて経験を得るために「外」宇宙と接する必要から永劫の間進歩をさせようとした努力により、この単純な事実を理解し、この操作を成し遂げることが最初は不可能となって、ちょうどよい加減の単純さを得ることや、我我「自身」、力の霊的中心、イェキドト即ち生命と目的と神性に輝くものを見出すためにヴェールをあばくことのため、これらの困難な作業を通じて奮闘しなくてはならなくなったのである。

マルティン・ブーバー教授は彼の素晴らしい作品「ユダヤ神秘主義」の中で、恍惚状態や霊的酩酊の起こらなくなった、より偉大なタイプのツァディクについて書いている。なぜそれが起こらなくなったのだろうか？　なぜなら、授福や恍惚は連続的なものであって、「ルアク」の内部で起こるのではなく、「高位のセフィロト」、即ちそこに人間の「真の潜在力」や「霊的」要素が宿るところで起こるのである。「導師たちの学舎」に属するこれら三つの位階のどんな所有者もツァディクの姿をするが、そのツァディク性はより高貴かつ高尚な霊的次元に頼っている。よりまともな称号は、おそらくバールシェムトーヴ——「良き名の師」であろう。

「熟達者」の位階について記述するのに困難に出会ったというのだから、「深淵」の上の「統制」について述べることは完全に不可能であろう。なぜなら、言葉に出せるもののうち、真に大いなるツァディクの性質や目的を説明できるものはない。ツァディクとは即ちメイガスとイプシシマスである。ゆえに、私はここでペンを置こう。

全体を要約すれば、カバラはすべての人間にとっての次の一歩として意識の超越状態を強調しており、私は、それなかりせば平穏も達成もなし得ない神秘的体験の本質的性格、その成就のための段階、それによってその啓示するものの意義が示される霊的術式の重要性を明らかにせんと努めたものである。

附録　真の治療の技術

F・I・リガルディー

亀井勝行　訳

I

あらゆる男女の裡には、生命の全行程を方向づけ制御する〝力《フォース》〟が存在する。うまく利用すれば、人がこれまで被ってきた疾病や苦悩をすべて癒し得る力がある。あらゆる宗教がこれを事実と認め、名称や様式は異なっていてもあらゆる精神的霊的治療術が、同様の結果を約している。間接的にではあるが、精神分析においてさえ、今や衆知の『リビドー』という語を用いて、この力を利用しているのである。精神《サイキ》に向ける鋭い洞察と理解によって多種多様の緊張は解きほぐされるが、そうなって初めて人間という機構の内に秘められている本来の治癒力は、一層自由に働くことになる。種々の体系は銘々それの帰依者に、思考法、あるいは祈禱の技術的手法を教授し、体系自体の先験的言いまわしによれば、それらを実行する者は、肉体を刷新し、すべからく環境を変成するのである。とはいえ、実際にその公約を果たし得る者は一握りである。もしくは皆無とも言えよう。宇宙に横たわり、人間の本質にあまねく浸透する霊的諸力を新しい天地創造へと指揮し利用する実践的手段が、あまり理解されていないように思える。当然、そのような理想は万有の協同なくしては全人類にとって不可能事だが、しかし、各人は独力で再建の課業を始めることができるのである。

ここで重要な問題がある。即ち、如何にしてこの力に気づけば良いか。また、その力はどのような性質や特性を有するのか。さらに、それを我々が利用する際の仕組みは、果たしてどうなっているのか。

前述したように、様々な体系が異なった方法を発展させてきた。学徒はそれによって、力の存在を察知することができるようになる。例えば、世界もしくは普遍的精神に対してアトランダムに成される瞑想や祈禱、召喚、感情高揚や要求などは手段の一部だが、性質上の枝葉末節を無視すれば、結局すべてに共通して言えることがある。即ち、精神の熱烈な洞察力を精神自体の内側へと向けることにより、また、感情の体系をある一定の高さ《ピッチ》にまで高揚させることによって、かつて予想だにしなかった〝力〟の流れに気づくことができるようになろう。さらに内的な感覚として非常に電気的な流れが治療し実効へといたることにも気づくだろう。

心身双方に健康をもたらすには、意志をもって力を利用することである。管理下にあって、そのような力は磁気的に働く。即ち、この力は前述の手段を用いる者達に、人生の物質的精神的必需品——緊急に求めるもの、もしくは更なる発展に必要なものを引き寄せるのである。

精神的治療体系の根幹をなす観念がこれである。我々の周囲を取り巻くと同時に微小な体細胞のおのおのにまで充満して、霊的な力は存在するのである。この力は遍在し、無限なのである。遙かに広大な星雲や島宇宙に存在すると同時に、極めて微小なものの内にまで存在している。この力こそ、生命の本質なのだ。無辺の宇宙の広がりの内には、死したるものは皆無であり、万物は力強い生命に脈動している。超微視的な原子のかけらでさえ生きているのである。事実、電子は、その電気的な力の結晶化したものである。

この生命力が無限であるということは、人はそれにどっぷりとつかり……霊的力に充溢しきっているということになる。それは人の高次なる自我を構成している。高次なる自我は神性へのきずなであり、人の裡の神なのである。肉体組織を構成する分子にはすべて、その力強いエネルギーが浸透している。肉体の個々の細胞は、十全にそれを含蓄しているのだ。さて、これから私達は、あらゆる疾病のもとにある多くの問題と直面するのである。それも、神経を消耗させる難解な問題と――。

疲労とはいったい何であるのか。宇宙的な力の流れが日々人に注がれて心身に浸透するというのなら、どうして消耗などということが起こるのであろうか。

第一に、流れにあらがいすぎて、疲労し患う。それを続ければ死に至ることもあろう。だが、ちっぽけな人間がどうやって宇宙を拒絶できるというのだろう。それどころか、宇宙内部で発展を続けまさに宇宙の基たるべき力に、どうやって抵抗し対立するというのか。心の表面的な自己満足、混乱、気弱さ、生命の本質に対する誤解、等々……、これらが精神の内なる流れに対抗する原因となっているのである。これが無意識的なものであるということは、深層心理学がすべからく提唱してきたように、論理上この論旨の効力をいささかも妨げるものではない。そして、己れの裡で連続する無意識作用のすべてを誰が知ろうか。己れの心の変遷の複雑な機構、食物が消化吸収される機構、そして全体内組織に向かう動脈の栄養運搬機構を、誰が意識していようか。これらすべては、純粋に不随意な作用なのである。おおよそ生命への抵抗も、同様に不随意なものである。人は自分自身を、凝固した偏見とひどい幻想の殻、つまり外なる生命光の流入を許さぬ鎧で被覆しているのだ。

人は悩む。わずらい、萎え、希望を失い、哀れである。何の不思議もない。平均的な一個人が、十全に生命を扱えなくても、驚くにはあたらない。

自由と健康への第一ステップは、我々が生き、動き、存在する広大な霊的貯蔵所を意識することである。こういった内的人生観の眼目を成そうとする知的努力を繰り返すことで、自動的に、精神の頑固かつ硬直した殻の幾分かが溶け崩れていく。そうなると、生命と活気が豊かに注ぎこまれるようになるのである。健康は自然にもたらされ、この劇的変化の経験によって新しい人生が始まる。そして、羨望していた快適な人生を正確かつ多彩に促進してくれる人が、彼の環境にひきつけられてくることが明らかになるだろう。

第二のステップは、少々方向が違っている。規則的呼吸。——極めてシンプルな方法である。それの必要性は、次の仮定からくるものである。すなわち、生命が万象にあって一つのものであり、万象を貫き波及するのならば、我々が吸いこむ空気は豊富な生命力に満ちあふれているはずである。これほど理に適った事柄が他にあろうか。従って、我々の呼吸法は規則的なのである。生命は大気中にあって活動的原理であると、我々は考えている。日の決まった時間にこのリズミカルな呼吸を実習する際には、無理に努力したり、無理に意志を働かせてはならない。すべての作業は、おだやかで容易なものでなくてはならない。そうして、熟練が得られるのである。息を流動させながら心の中で非常にゆるやかに、……一、二、三、四、と数える。それから、同じ拍子で息を吐く。基本的かつ重要なことは、四拍、十拍、あるいは自分に適った何拍であろうと、最初に始めた拍子を維持することである。というのは、まさにこの拍子こそ外的生命力の容易なる吸収と、内なる神聖な力の促進に応ずるものであるからだ。

不変なリズムは、宇宙のあらゆるところに現われている。それは、周期法則に従って作動する生命のプロセスである。太陽や星々、あるいは惑星を見ればよい。すべては、比類なき美と冷厳な拍子の律動をもって動いている。人間のみが無智と自己満足の内に、事物の聖なる周期を遙かに離れさまよっているのである。我々は、これまで、自然に内在する律動的循環《プロセス》を妨げてきた。そして悲しいことに、まだ我々はその償いをしていないのである！

それ故、自然の機構を通じて機能する知的霊力へ、今一度我々自身を同調させしめ、盲目的な模倣ではなく理知的に自然な方法を採用すべきであろう。ゆえに、邪魔の入る可能性の少ないある決まった時間にリズム呼吸を行うことになるが、まず何よりも弛緩《しかん》の技術を学ばねばならない。仰向けに横たわり、頭頂から足の爪先まで、各々緊張した筋肉に話しかけることを学ぶのである。慎重に緊張を解き、無意識的萎縮をやめるように話しかけなさい。貴方の命令に応じて、血液が各々の組織に豊かに流れ込み、体中に栄養と生命を運び、鮮やかに輝かんばかりの健康状態を造りだすと考えるのである。これら予備的な過程を達成した後に、焦らずゆっくりとリズム呼吸を始めることができる。精神がこの趣向に慣れるに従って、肺も自発的にリズムに乗ってくるだろう。二、三分も練習すれば、リズム呼吸は自動的に行われるようになる。そうして、これの全プロセスは、極めてシンプルかつ快適なものになるだろう。

この呼吸法の重要性と効力は、いくら評価してもしすぎることはない。一定の拍子で自動的に吸気し吐気するリズムを肺が受け入れると、肺は全細胞組織にまで伝達、拡張するようになる。水溜りに石を投げ込めば同心円のさざ波の輪が広がるように、肺の動きも同様に作用するのである。数分で肺の活動と一致して全身が振動しはじめる。全細胞が共振するように思え、すぐさま、体の全組織がまるで無尽蔵の力を溜め込んだバッテリーのごとく感じるようになるだろう。その感覚《センセーション》は――まさに感動《センセーション》であり――紛れもないものである。

見た通り簡単な実習だが、これを侮ってはならない。簡単至極なこの技術の修得の上に、本体系の残部は成立している。まず第一に、これを修得する。即ち、完全なリラックスと、その後の数分のリズム呼吸を確実にものにしてもらいたい。

Ⅱ

さて、これから非常に重要でなおかつ基礎となる観念について話そう。それは、多々ある精神修養や霊的治療法でしばしば見られる失敗に、実際上潜んでいる重要性を完全に把握もしくは認識しえないという観念である。

精神的霊的本質の内には、ちょうど肉体に特別な機能を果たす為の分化した組織があるように、相応する中枢や組織がある。厳密には、歯や胃、肝臓や腸といった多くの器官が、本来、消化吸収の為に生じ発達している。従って人間の本質を構成する他の組成にも類似の中枢がある。口は食物を受け取る。胃と小腸で消化作用が起こる。さらに、無益な老廃物をもどす為の器官もある。霊的本質の内にも、外界からの霊的力を吸収する為の中心となる中枢がある。

他の中枢は、力の分配と循環を可能ならしめている。外部から人間に流入するダイナミックなエネルギーもしくは力は、振動値において同一ではなく、異なっている。いわば、あまりにボルテージが高すぎて、快く耐えるわけにはいかないかもしれない。それ故、人間の内部には、ある種の霊的器官が存在している。それによって、全般に及ぶ宇宙的なエネルギー流は消化吸収されるだろう。当初のボルテージは、次第に低圧化され、人間のレヴェルに適したものとなる。こういった霊的器官に気づき、それが発生させるエネルギーを用いるようになる方法が、ここに述べる治療体系の絶対に必要な部分である。私が主張するのは、祈禱と瞑想的技法は、意識することなくこれら内的な中枢を用いているということである。この故に、この霊的力とそれの流通する中枢を慎重に用いることをよりよく知れば、はるかにそれの能率は増すだろう。さしあたり、この中枢を『心理＝霊的器官《サイコ・スピリチュアル》』と呼ぼう。これには主要なものが五つある。人の心は物事を分類図表化するのが好きなので、一応名前を付けねばならないが、なるべく体系の先入観を喚び起こさないように、想像の限りに曖昧にかつ妥協的でない名称を、それらに付すことにしよう。便宜上、最初の中枢を〝霊《スピリット》〟と名付ける。二番目を〝風〟。以下を各々、〝火〟〝水〟〝地〟と名づけることにする。

上記を明確にする為に、ここに簡単な図を再現しておく。図は中枢の所在位置を示している。これらの中枢が位置や性質において肉体的なものであると主張しているなどとは、（腺と対応して位置しているとはいえ）一瞬たりとも思って欲しくない。それらは、人の本質の霊的もしくは精神的な、より精妙な部分に存在している。実体そのものと考えるより、むしろ実体の象徴、大いにして償いとなる倹しい象徴と理解すべきであろう。ある状態の下で、我々は肉体内の異質な器官を知るごとくに、それらに気づくようになる。我々は、よく感情を胸に、本能を腹に結び付け、心中に据えられたものであるかのように理性のことを口にする。同様に、肉体の各部とそれら中枢の間には、自然な対

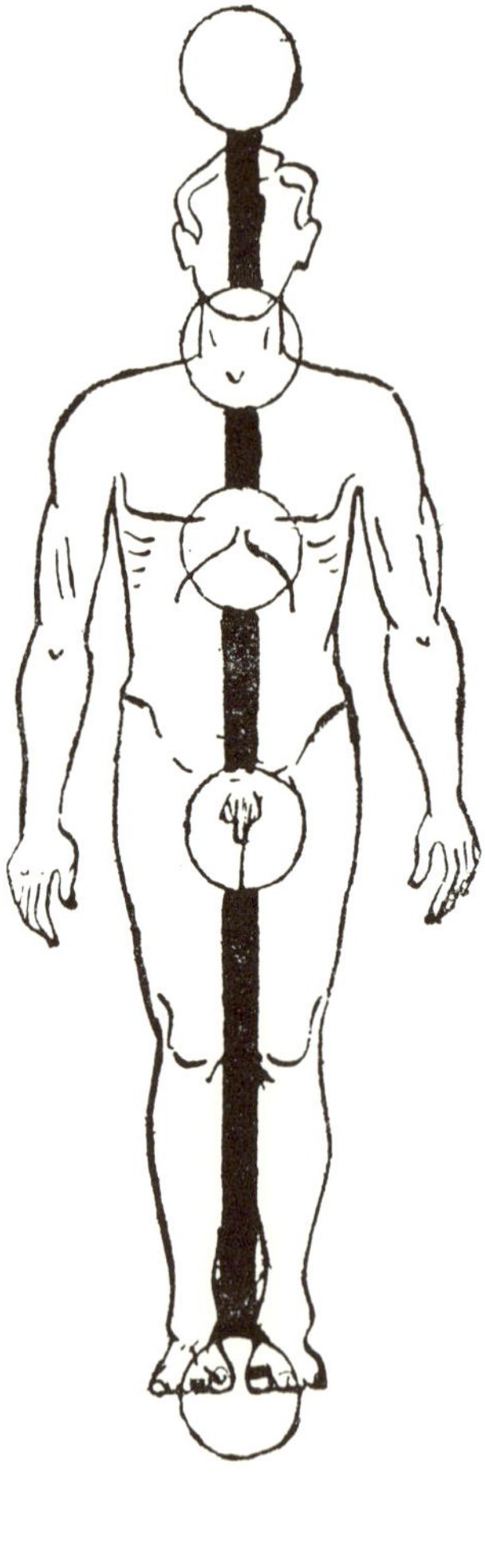

応が存在しているのである。

この体系にとっては自明であるが、これらの中枢が内部で充分に機能するよう休眠状態から目覚めさせる為に、中枢に気づく為の主要な三つの手段もしくは道具立てが存在する。思考、色、音がそれである。精神は、これらの中枢各々の仮の位置に集中せねばならない。そして、振動値と見做されているある種の名前を詠唱し振動する。最後に、各中枢が特定の色と形を有するごとく明確に描く。これら三様の行為の組み合せは、次第に中枢を潜在状態から目覚めさせる。中枢は刺戟されて徐々に各々の性質に従って機能し、心身に高度に霊化されたエネルギーもしくは力の流れを注ぐようになるのである。最終的にそういった働きが習慣となり安定すると、発生する霊的力は心理的もしくは肉体的性質の種々の疾病を癒すよう、意志によって方向づけられる。力は他人に手を置くだけでも伝達される。さらに、集中的思念によって単純に、テレパシー的に精神から精神へと伝えられ、あるいは空間を何マイルも離れた人物――伝えるのに何も邪魔や障害物のない距離にあるもの――に送り込むことも可能である。

さて、まず第一に、図に示された中枢の位置を記憶しておかねばならない。中枢は、背を伸ばして坐るか仰《あお》むけに寝そべるかして完全に弛緩した時に、活性化へと促される。両手は膝の上に重ねて置くか、もしくは両指を絡め合わせて力を抜き太陽神経叢の下の方に休ませておく。心を平静にし、リズム呼吸を数分間でも行えば、優しいさざなみが横隔膜に働きかけているような感覚が結果として起こってくるだろう。

次に、頭頂の上方に白光に輝く玉もしくは球体を想像する。光球を心象化しようとして想像力を無理強いしてはならない。強制は神経筋肉の緊張を増すばかりであり、我々の目的を無効にしてしまう。想像力は平穏に余裕をもって働かせばよい。もし心が乱れたら――実際よくある事だ――少々あるいはさらにもう少々待って、優しく元の状態に導き戻すようにする。光球の想像と同時に、エヘイェーという言葉を振動もしくは詠唱する。発音は、ェー、ヘー、イェー。数日も練習すれば、頭上のいわゆる『霊中枢』においてその名前が振動しているところを想像するのは非常にたやすくなろう。これは我々個々の内に宿り保護する神性であり、すっかり頼ることのできる根本的霊的自己なのである。エヘイェーは字義的には「私は在る　I Am」を意味しており、それ故、この中枢は内在する「自己存在意識　the I AM consciousness」を象徴している。

このように精神的に振動を方向づけると、中枢を力強い活動へと覚醒させることになる。一度振動と循環を始めたら、光とエネルギーは人の上にそして内に流出し降り下るように感じられる。厖大に充満した霊的力は脳へと進み、全身が活動力と生命に満ちるのが感得される。指先や爪先でさえ、最初は微かにチクリと刺すような感覚が生じ、頭頂の球の覚醒に反応する。名前は、最初の数週間、ほどよく聞こえる響く声で詠唱する。熟練してくれば、その時、振動は声を出さずに行う。心に名前を想像し、中枢の内に置くようにするのである。もし心が落ちつかないようであれば、振動を何度も繰り返すことは集中にとても役立つであろう。

この場所に五分間ほど精神をとどめておいて、中枢がきらめき光輝いて見えるようになった時、そこから白い一条の光が放射されて頭蓋と脳を通り喉に止まるところを想像する。ここで光条は拡張して、第二の光球を形成する。範囲は顔の大部分、眉までを含み、喉頭を球の中心と考えれば、そこから首の後の脊椎頸部までがおよその半径となろう。当然のことだが、この寸法は人によって異なる。さて、前の中枢でやったのと同じ技法を、「風の中枢」と名づけたこの中枢でも行わねばならない。力強く鮮烈に、内から輝き燃え上がる輝白光の閃めく球体として形成するのである。振動すべき名前は、エホヴァ・エロヒム。発音は、エーホーヴォー・エーローヒームである。

名前に関して、ここでひと言ふた言述べておくのも悪くはないだろう。実は、各々は旧約聖書の様々な箇所で神に与えられた名称なのである。これら名称の違いと多様性は、異なる神聖な機能に帰せられる。あるふうに働くと、神は聖書作家によってある名称で記されるのである。他の事を行えば、彼の行動にさらに相応《ふさわ》しい名称が用いられる。私が今述べている体系は、その基盤をヘブルの神秘的伝統に置いている。それの古代の革新者達は、高尚な宗教的情熱と天才の人々であった。ただ一つの懸念は、この科学的体系に彼らが宗教的傾向を投影しているということである。しかし、我々の現在の目的には、これら聖書の聖なる名前を使用するとはいえ、何ら宗教的含蓄はないという事を明らかにしておこう。古代の宗教的見解に賛同せずとも、誰でもそれらを使える。……ユダヤ人、クリスチャン、ヒンズー教徒や仏教徒、あるいは無神論者であろうと、これは純粋に経験的体系であり、実行者の信仰もしくは懐疑にかかわらず成功を得られるものである。今日、我々はこれらの神聖名を全く異なった実践的見地から考察してもよいだろう。それらは、人の本質を組成する異なった部分の基音であり、通常は気づいていない精神《サイキ》の多種な段階への通廊なのである。また、ここに述べている精神物理的中枢の象徴的サインもしくは振動率なのである。振動の基音としてそれらを用いると、それと共振する中枢を活動へと覚醒させ、我々の意識に人格の様々なレヴェルにある無意識の霊的側面に関する認識をもたらす。というわけで、実際の宗教的意義は我々には無関係である。あるいはまた、それらを字義通りに翻訳することも同様なのである。

喉の風の中枢に戻って、確固たる感覚的体験としてその存在が認識され明確に感じられるようになるまで、何度も振動音を詠唱することにしよう。それの覚醒の感覚を誤ることはない。この球と続く球の形成には、頭頂の球の瞑想に費やしたと同程度の時間をかけるべきである。形成の時間が経過した後、想像力の助けで、光球を下降させて光の軸を形成する。

胸骨の真下、太陽神経叢の領域に降りて光条は今一度拡張し、第三の球を形成する。ここは火の中枢の位置である。この中枢に火の割り当ては格別に相応しい。というのも、胸《ハート》が感情的性質、愛より高次な感情に結びついていることは、あまねく知られるところだからだ。幾度となく、燃える情熱や愛の炎などと、我々は口にしているではないか。この心臓を囲む領域の直径は、体前面から背中までの寸法であり、ここでイェホヴァ・エロア・ヴェダースを振動させる。発音は、イェーホーヴォー・エーロー・ヴェ・ダーアース。形成した白い球の内部にうまく詠唱が振動するように注意する。これがなされると、直ちに暖かな放射エネルギーが中枢から流出し、それを取り巻く部分や器官を優しく刺戟するのが感じられるだろう。

精神が体を通してまたその内に機能するようになり、体と同等に拡張すると、心的感情的機能もまた同じく、中枢からの活動的なエネルギー流に刺戟される。そうなると、意識と無意識の間に立つ堅固な障壁、即ち我々の自由な表現を妨害し霊的発達を遅らせる装甲入りの隔壁は、ゆるやかに溶解してゆく。時がたち訓練が続くと、それは完全に消滅し、人格は徐々に完成し、完全になる。かくして、健康は心身のあらゆる機能に広がり、幸福は永遠の祝福として続くのである。

太陽神経叢から光の軸を骨盤部へ、即ち生殖器の領域へと下降させる。ここでも光球が上部の球と同等の寸法で幻視される。この部分でも組織中の細胞及び分子に速やかな振動を起こすために、名前が詠唱される。シャダイ・エル・カイは、シャー・ディ・エル・カイと発音する。数分ほど想像形成に心をあて、輝く白い球を幻視する。輝きから心が外れたらその都度、最初はどうしてもそうなってしまうが、名前の振動とそれの繰り返しでおだやかに宥《なだ》め戻せば良い。

この訓練が性的感覚や感情を不必要に刺戟するのではという怖れを持つ人がいるかもしれない。心の中で性的葛藤が猛威をふるっている人々にとっては、そのような懸念は正当かつ妥当なものである。しかし実際は、根拠のない怖れである。というのも、より高次でより霊的な中枢に軸で結びついた白光の球として水の中枢を瞑想することは、むしろ鎮静的方向に作用するからである。そして事実上、無知で近視眼的な抑圧によってではなく、この訓練を用いて身体にそのようなエネルギーを回流させることで、性的刺戟は取り除かれる。実際かなり錬金術的な、昇華という徹底的かつ広汎な処理は、かく促されるのである。しかし、このことは、性問題の回避を正当化するものとして解釈すべきではない。

最後のステップは、今一度生殖器の球から降りる光軸を想像し、足を撃つまで太腿、脚部に添って降ろす。光軸は足首の下あたりの点から拡張し、第五の球を形成する。すでにこの球を、我々は「地の中枢」と名づけている。これまでと同じく、ここでも他と同寸法の眩しく輝く球を正確に心に描く。そしてアードーニー・ハーアーレッツという具合に、アドナイ・ハアレッツの名を振動させる。確固たる想像力と名前の振動の繰り返しでこの中枢を覚醒させるのに数分間を費やしたのち、少しの間、休止する。

それから、頭頂から足下まで、いわば比類ない輝きの豪奢な五つのダイヤモンドを飾る、銀色の光軸全体をはっきりと心に描くよう努力する。想像上の中枢を通して人格に作用し、変換伝達されたのち精神物理的身体に結果的に吸収される強力な力《フォース》の明解な実感を得て、この概念に現実性を与えるには、ほんの数分もあれば充分であろう。さらに、光軸もしくは「中央の柱」(とも呼ばれる)に力が降りるのを意図的に心象化することと、リズム呼吸を組み合わせれば、最高の成果を生みだせるのである。

中枢形成に慣れ熟練したならば、この技法に付け加えても良いだろう。まえに私は、この技法に関して、色彩が極めて重要な意味を持つことを指摘した。賢明ならばかなりの期間、白以外の色は控えておくほうが良いのだが、各々の中枢は異なった色彩を属性として有している。霊のもしくは頭頂の中枢には白色が属している。純粋、霊、神聖、等々の色である。それは人間の組成というよりも、むしろ全人類を覆う世界的宇宙的原理を象徴している。しかし、光軸を降りれば、その色彩は変化する。藤色《ラベンダー》が風のもしくは喉の中枢に属し、特に精神的能力、そのような人間の意識を表わしている。火の中枢には、赤色が明らかな関連色である。説明の必要もないのだろう。青は水の中枢に割り当てられた色である。平和、平穏、平静の色であり、莫大な強さと活気を秘めている。換言すれば、活力と力強さの平和であり、柔弱なだけの不活発な状態ではない。最後に最下位にある地の中枢の色は、我々の在る基盤たる大地そのものの深く豊かな色彩、小豆《あずき》色である。

この簡明な概要から、中枢の各々は、異なる霊的組成と一種の類似性もしくは調和を有していることが解るだろう。ある中枢は、特に感情や感覚に調和もしくは関連しており、他の中枢はまちがいなく知能的な傾向を有している。このゆえに、論理的に言えば、中枢各自の平衡した活動と刺戟が人の本性のあらゆる部分から調和的反応を喚起するという結果になり、この事実は体験が証明するのである。肉体において病気が現われる箇所は、直接的にある霊的な調整不良もしくは疾病のゆえであり、その時、その部分と関連する中枢の活動が有害な方向に悪影響を受けているものとして考慮せねばならない。音や思考や色彩によるその中枢への刺戟は、関連する霊的原理を刺戟した結果、その調整不良を解消するのに役立つ。遅かれ早かれ、反応は肉体的に病気の消失に向かい、続いて新しい細胞と組織が作られ、健康そのものが現われるのである。

Ⅲ

「中央《ミドル》の柱《ピラー》」技法の開発において、一歩進んだ重要な段階がやってきた。心理＝霊的中枢を用いて身体に力と霊的エネルギーをもたらしたのち、それを最もうまく使うにはどうしたら良いか。すなわち、細胞個々、原子の一つ一つ、そしてあらゆる器官が、この活動的流れによって刺戟され活性化されるような方向で用いるには、どうすれば良いのか。

最初にまず、もう一度頭頂の球へと心を振り向け、それが旺盛な活動状態にあると想像する。すなわち、球は周囲の空間から霊的エネルギーを吸収し、それを種々の人間活動にすぐさま利用できるよう変成しつつ、速やかに回転している。次に変成されたエネルギーが、小川のように、頭の左側から左体側、左足を流れるところを想像する。流れが降りる際には、息はゆっくりと適当なリズムで吐く。ゆるやかな吸気とともに、生命流が左足下から右足下に移り、徐々に体の右側を昇るところを想像する。このようにして、流出した源、頭頂の中枢、人間の全エネルギーと活力の源泉へと戻るのである。そして、閉じた電気的な回路が、かくのごとく完成する。当然この循環は肉体的な形をなぞるというより、むしろ体の内部に存続するよう心に描く。つまり、これは純物理的循環というよりも、内的な霊的循環なのである。

ひとたび精神によって確立した、この循環を何分か呼吸に合わせてなめらかに行い、六回ほど——もしくはそれ以上、好きなだけ——回路を巡らせよう。

さて今度は、少々異なる方向にそれを繰り返すことになる。生命力の流れが、頭頂の中枢から顔と体の前面を通って動くよう想像するのである。足下で後方に向かい、相当に幅のある振動するエネルギーの帯となって背を昇ってくる。これは、同じく呼気吸気に合っているべきであり、少なくとも六回は持続せねばならない。

これら二つの作業による通常の効果は、物理的身体の周りに速やかに循環する実質と力からできる卵形を完成することである。この技法で扱う霊的エネルギーは、極めて力強く活動的であるため、あらゆる方向に発散し、相当遠くにまで広がってゆく。肉体的枠組みの寸法や形と同一限界ならざる卵形球体を、形成し彩色し満たすものは、この発散なのである。一般的知覚や体験は、光輝と磁気のその球を、おおよそ腕を伸ばした長さに等しく外方向に広がっているものとしてとらえている。そしてこのオーラ――我々はそう呼ぶ――の中にこそ、堅果の仁にも似て物理的人間が存在しているのだ。すでに述べた精神訓練によって身体に導入したエネルギーを循環させることは、身体の実質のあらゆる部分をかなりの程度、生命とエネルギーで充満させることに変らないのである。これは当然、一般的健康に関する限り、必ずや有効な影響力を、内部に含まれた「仁」に及ぼすということなのである。

循環の最後の方法は、むしろ噴水の動きに似ている。ちょうど水に力が加えられ管を通り上方に噴出し、水煙となって周り全てに落ちるごとく、この最後の循環によって管理される力もそうなのである。心を地の中枢に向け、それが他の中枢全ての最高点であり、あらゆる力の受容器であり、流入する生命力の貯蔵庫であり終点であると想像する。次に、この力が上昇する、もしくは脳天上方にある霊の中枢の磁気的誘引力によって引き上げられる、または吸い上げられるというふうに想像する。力は霊の中枢にまで急激に光軸を昇り、卵形オーラの境界内部を落ちてゆく。それが足もとに落ちてしまえば、光軸を再度上昇するために、地の中枢に集積される。これまでと同じく、この噴水循環も呼吸の一定リズムと調和していなければならない。これらの方法によって、治癒力は体のあらゆる部分に配分される。どのような器官または手足であれ、それの原子ひとつ細胞一個とて、この治癒再生力の影響から洩れることはないのである。

循環が終了すれば、質的には霊的生命的治癒である、全身を取り巻く光の球の概念を、心で静かに思い巡らすことが可能である。
心象形成は、できうる限り力強く鮮明に行うようにする。その時、記述した方法によってオーラの部分的もしくは完全な形成をなした結果生じる感覚は、明瞭かつ確かなものであり、誤ることはない。第一に、まるで心が静まりかえってしまったかのような、平穏と活力と安定という格別な感覚によって明らかになる。完全な弛緩状態で休む肉体は、全身くまなく生命の精力的な流れに満たされ浸っているように感じられる。全身を被う皮膚は、内部の生命力強化によって、優しくチクリと刺すような感じがしたり、暖かくなったりする。眼は純《す》み明るくなり、肌は新鮮な健康に輝き、精神的感情的肉体的な、あらゆる機能が少なからず高められるのである。

もし四肢や各器官に何らかの機能障害があるのなら、今こそ、その部分に注意を向け集中すべき時である。この注意の集中の結果が、ちょうど確立したばかりの一般的平衡に加えて、エネルギーの流れを方向づけことになる。病んでいる器官は、光と力の海に浴するようになり、病んだ組織や細胞は、そのような力の刺戟のもとに、次第に壊され個人の球体から追放される。その時、再活性化された血流は、新しい組織、繊維、細胞等々がたやすく作れるように、その箇所に新しい生命と新しい滋養物を送ることができるのである。このように、その場所に神聖な力を連続的に集中することで健康は回復する。表面的で軽い病気なら二、三日、慢性でひどい病気の場合には数カ月も続ければ、あらゆる病状は、他の疾病が代わりに現われることもなく、首尾よく消失するだろう。症状を抑圧するのではない。除去こそ、この方法の結果である。心因性の発病でさえ、同様に癒されるだろう。何故なら、神経症がその原因を有し力強い《ナーバス》エネルギーを閉じ込めて魂《サイキ》の自発的で自由な表現を妨げている、まさにその場所たる無意識の最深層から、力《フォース》の流れは生じてくるのである。生命力が心理学的な円の内に喚び込まれると、リビドーは湧き上がり、精神機能の諸層を隔てている装甲入りの障壁と結晶体を溶解する。

取り組むべき問題が内臓疾患である場合、後続の手順は少々異なっている。（しかし人は有能な医師の世話になるべきなのだ）この場合、病巣を消し、新しい組織と細胞構造を構築するため系統的な代謝活動を起こすに足るよう、かなり強い力の流れが必要になる。理想的な意味で、この状況を満足するためには、もう一人の人間が不可欠である。患者の生命力に加えて彼の生命力が、状況を克服するようにするためだ。それには、ある便利な方法がある。経験から私は、これが最高の成功を得るものであることを発見した。そして誰にでも利用可能なものである。それは、中央の柱の技法を試みる前に、体中の全組織を弛緩させるやり方である。患者は高度に弛緩した状態に置かれ、あらゆる神経筋肉の緊張は検査され、患者によって気づかれることになる。それから、意識は緊張を除去し、筋肉やあるいは四肢は弛緩状態に導かれる。私は、按摩や叩打法とともに脊柱摩擦と揉み療治《マッサージ》の内に、役に立つ予備行為を発見した。というのは、この方法で血液とリンパ液の強い流れが生みだされるからである。——これは、心理学的見地から言えば、半分は勝利を手にしたようなものである。充分な弛緩状態が得られたら、患者の足はくるぶしのところで交差させ、指はちょうど太陽神経叢の上あたりで組み合わせて置く。施術者もしくは治療師は、患者が右利きの場合は彼の右側に——左利きなら左側に——席を取る。右手を患者の組んだ手の下太陽神経叢の上に置き、左手は患者の頭に置き、速やかにラポール（関係）の形態が達成される。二、三分の内に、自由な磁気と生命力の循環が行われ、それは患者と治療師の双方にとって簡単に認識できるものなのである。

患者の態度は流入する力に対して、完全に受容の状態でなければならない。——彼が治療者の誠実さと能力に確固たる安心感を持ち信用していれば、自動的にその状態になる。しばらく沈黙と静寂を維持し、その後、患者と物理的接触を続けて、黙ったまま中央の柱の実践を行う。彼の目覚めた霊的中枢は、患者に共振して作用するのである。同様の覚醒が患者の裡に導入されて、彼の中枢はその結果作用し始め、身体にエネルギーのつり合った流れを投じることになる。治療者が声に出して神聖名を振動させない時でさえ、指を通して流れる力はある活動を生じさせ、それは患者の内側に確かにある程度の治癒活動を作り出すだろう。彼の心理＝霊的中枢は共感的に力の活動的同化及び射出へと動かされ、彼の方では何ら意識的な努力をせずとも、治癒と生命の聖なる力が彼の球体に押し寄せる。治療者は循環段階へと達したら、増大したエネルギー流が自分自身の球体を通してのみならず、同様に患者の球をも通して流れるよう、自分の内なる心象化能力、まさに真実の魔術的力を使用するのである。このラポールの性質は、ここで精妙な変化を受け始める。初めは心の調和的構造と緊密な共感が互いに支えあっているのだが、循環の最中及びそれ以降は、二つのエネルギー場の実際的合一と混合がある。このようにして、施術者は、あるいは彼の無意識的精神もしくは霊的自我は、結合して単一の連続的な球を形成する。生命エネルギーの交流と転送が進むにつれ、それらは結合し投射した流れがどれ程のポテンシャルであるべきかを正確に見抜き、どこにそれを振り向けるべきかを的確に知ることができるのである。

精神的療法の利用においては、患者の協力と訓練を取り入れたこういった多くの治療が、現状緩和にはかなり確実な効果がある。しかし狂信は避けねばならない。ときどきは、回復を早め容易にするために、医学的な功緻な方法を前述の精神的技法と組み合わせれば有効的である。

私は前文で、肉体的な災難の治療を強調したが、この方法は他の多くの問題への応用にも適しているということを、強く主張しても構わないだろう。学ぶ者の前に如何なる状況が現われようと、十分効果的であることが解るだろう――問題となるのが、貧困や性格開発、社会的もしくは婚姻の窮境などであろうと――そして実際上考え得るあらゆるタイプの問題にも適用できるのである。

Ⅳ

新しい物事を学びまた教える際、双方ともに有効なのは繰り返しである。それゆえ、中央の柱の実践に含まれる様様な過程をもう一度要約しておけば、幾つかの問題を明らかにするのに助けとなろう。というわけで、技法全体をより効果的にし、霊的理解及び完成という高次な領域にまで高めるのに役立つ、さらに進んだ考察を付け加えておきたい。この最終ステップでは、学ぶ者が、望む結果を生みだすのに助けとなる、人間の精神内部の活動的因子を、作業内に喚びだすことを可能にするだろう。

見てきたように第一ステップは、精神物理学的訓練である。学ぶ者は、如何に弛緩するか、如何にして体内の神経筋肉の緊張の慢性的な支配をゆるめるか、ということを学ばなければならない。身体のどの部分であれ筋肉や組織の集合体に起こるあらゆる不随意的緊張は、これを意識的自覚の視野の内に捕えておかねばならない。自覚は魔法の鍵であり、それを用いて緊張は文字通り溶け消え、解消するのである。ここに必要なのはほんのわずかな実践であり、技術は簡単に会得できるものである。物理的弛緩ののちに生じる重要な結末は、精神そのものが、そのあらゆる部分及び支脈にいたるまで、同様に弛緩することである。

心の緊張と肉体の堅さは、神《ゴッド》の身体の遍在を認識することの大きな障害となっている。この障害は、事実、生命力が恒久的に存在しているということ、また、心が世界精神もしくは集合的無意識に依存していること――その究極的同一性さえ――に、人が気づくことを妨げている。精神の小さな障壁が消え、その広汎な機構を通じて生命力が流通すると、万物に浸透し充満する動的な原理に、我々は急速に気づくようになる。この段階は疑いなく、これら心理＝霊的技法を利用する際の最重要な面である。

一度でも前述の事に気づいてしまえば、必然的に作業は、いわばこの高圧の力を操作して使用可能な人間的性質のものへと変成する内的な霊的中枢を目覚めさせるということになる。これを理解するのに最も簡単な方法は、おそらく、人の霊的な部分をラジオの受信機にたとえることである。この道具は、作動の前に、電池か電源からの力を端緒としなければならない。力が流れこむと、やっと配線やら変圧器、コンデンサー、真空管、アンテナといった複雑な機構が作動状態になりうるのである。人も同様である。人間自身の真空管たる内的中枢をともす機構を通じて、我々はもっと簡単に無限の神と同調することができるのである。ラジオが作動すれば、その時、心身ともに霊的エネルギーでたくましくなり、そして強力に活性化されるまで、機械を通じて様々に神聖な流れが発せられることになる。

しかし、これはすべて、準備段階である。ラジオ受信機をつければ、コンデンサーもトランスもアンテナも完璧に作動する――が、それを使って我々は何を求めるというのか。それもまたここにある。金がない。病気だ。望ましくない品行や精神的特徴を有している――あるいは似たようなその他諸々。我々は、この霊的エネルギーを用いるに際して、自分の精神を高めなければならない。そうすれば、我々が心に描く欲望は自動的に、実際何の努力もなく実現するのである。望み、心からの欲望、達すべきゴールは、心の裡にしっかりと保持し、神聖な力で活性化しなければならない。しかしまた、可能な限りの炎のように強烈なすべての感情的高揚をもって、宇宙に送り出さねばならない。それゆえ、祈禱が絶対に必要となる。祈禱、それは単に外の世界の何かの神に対する嘆願としてのみならず、我々自身の神性との同一化もしくは実感をもたらすよう計算された霊的感情的刺戟として考案された祈りなのである。祈禱は、厳粛に行えば、自己のあらゆる資質を動員し、それによって目覚める内なる熱意は、以前になされた作業を補強する。そして、成功をほぼ絶対確実な結果とするのである。何故なら、そのような場合、個人の人間的な努力のゆえではなく、神がその結果をもたらすがゆえに、成功が訪れるのである。熱意と感情高揚は、人に裡なる神性を実感させる。裡なる神性とは、我々の欲求に迅速かつ完全な成就をもたらす霊的要因である。

しかし、静まりかえった無感情な類いの祈りが、何らかの価値を有しているかどうか疑問である。この冷血な嘆願は、霊的完成という最高の概念の内には居り場がない。ある古代の形而上学者が、かつてこのように言った。「祈りをもって汝自身を燃え上がらせよ」ここに秘密がある。我々は、その前に何ものも立ちえぬほどの霊的熱烈さをもって、自身の全存在が燃え上がるように祈らなければならない。あらゆる迷妄も限界も、この熱情の前には完全に消え去ってしまう。魂が文字通り燃える時、その時こそ、神との霊的同一化が成し遂げられるのである。そして、骨折ることなく心からの願いは達成される――神がそれを行うからである。望みは現実のものとなるのだ――見るものすべてにとって、客観的、現実的事実に。

では、精神をこの熱烈さに向上させるために、また「汝自身を祈りにおいて燃え上がらせる」感情的熱情を目覚めさせるために、どのような祈りを用いるべきだろうか。それは、各々が自分自身で解決すべき問題であると、私は考える。あらゆる男女は、続ければ自分を内的認識へと燃やす祈りに関して、何らかの考えを持っている。ある者は、いつも自己を高揚させてくれる詩句を用いるであろうし、他の者は主の祈りを、あるいは詩篇第二十三節を用いるだろう。という具合にあらゆる種類のものがある。私自身は、神への祈りとして知られる古雅な讃美歌を好んで使用している。当然、私にとっては、必要な感情的潜在力《ポテンシャル》を奮起させるという望みの効果を確実にもたらす祈りである。他の誰かに役立つものであることを望みつつ、ここに二つの断章を添えておく。最初のものは、聖書からの種々の短詩で構成されている。

「我は復活なり。生命なり。我を信ずる者はたとえ朽ち果てようと更に生きん。我を信じ、我に生くる者は、皆死す事はなし。我は始めにして終わり。我は生き、そして死したる者。されど見よ！　我は永遠に生きん。そして地獄と死の鍵を持ちたり。其は、我が救世主の生き、後の日に地上に立たん事を知るが故なり。我こそは道。真実。そして生命。我によらずして、父なる神のもとへ来る事能わず。我は浄められし者。闇の門を潜り光へと来たる者。地にありて善を求め、戦い来たり。そして今、我が務め終わりたり。我は不可視へと入り来たりき」

「我は曇天と夜の時を通り、昇りゆく太陽なり。我はアマウン、隠されたる者、『日を開く者』なり。我はオシリス・オノフリスなり。弁明されたる神。死に勝利する生命の主なり。神々のものにあらざるは、我がものにあらず。我は、『通廊《パスウエイ》』を備うる者。光への救済者なり。聖なる霊の白き輝きよ、降り来たるべし」

両方とも、ゆっくりと繰り返し、それに関して瞑想し、強烈に感覚する時、同様の個人的効力を有している。とはいえ、第二番目の断篇は、右のものと異なっている。次の第二の祈りは二つの部分からなっている。最初の方は高次な神聖自我への嘆願であり、後の部分は、それとの合一の実現を求めるものである。

「汝、生まれざる者を我は召喚する。地と天を創造したる汝。夜と昼を創造したる汝。闇と光を創造したる汝。汝は『完全に作られたる人』なり。何時といえど、人はかって汝を見らざり。汝は神なり。まさしく神なり。汝は正邪の区別をなすなり。汝、女性と男性を造りたり。汝、種と果実を造りたり。汝、互いに愛し互いに憎む人をば形造れり。汝は湿潤と乾燥と、被造の万物を養うものを造りたり」

後の半分は、長めの沈黙の後に続ける。その沈黙の最中、人は、祈りが主張するのはまさしく何であるのか、そして沈黙が、万物の創造者たる隠れた秘密の裡なる神性の認識へと心を高めているということを、実感しようと試みるのである。

「此《こ》は、神々の主、世界の主なり。此は四方位の恐るる者なり。聖訓に声発しける、万物の主、王、支配者、そして援助者なり。我が声を聞きたまえ。そして、全ての霊を我に従わしめよ。大空の霊、エーテルの霊、地上と地下の霊、襲う炎の霊、全ての霊を我に従わしめ、広大なる一者、神のあらゆる魔力と天罰を、我に柔順ならしめたまえ」

「我は神なり。情深く強き不死の炎の内を見る生まれざる霊なり。我は神。真実なり。我は、世に悪しきの行わるる事を嫌う神なり。我は稲光し雷鳴をなす神なり。我は、地の生命の雨を放射する神なり。我は神なり。我が口は永遠に燃ゆるなり。我は神なり。光へと生じさせ顕現する者なり。我は神なり。世界の恵みなり。蛇の帯締むる勇者こそ我が名なり」

これらの祈禱文の断篇は、提案したにすぎないものである。利用するか退けるかは、各人が自分に合っていると感じるかどうかによる。私個人には作用するものであるが——他の人に作用するかどうかは場合によるだろう。

V

治療の話からは外れるが、中央の柱の技法には、前述したもの以外の利用法がある。進取の精神を持つ者は、自分独特の使用法を察知できるだろう。

肉体的もしくは霊的な生活にとっての必要物が退けられているのには、おそらく種々の理由があるだろう――人格への絶え間ない束縛を受け、挫折感にさいなまれつつも。後者は常に、優柔不断、無能力、卑下を生み、人の精神に抑圧的で憂鬱な影響力を与えている。人生中に、不当な挫折や抑圧の必要性など、絶対にありえない。当然、避けられないことも、ある程度はある。人間であり続ける限り、内的自我を十全に表現する努力が、幾分妨げられる可能性は確かに存在する。かくして、少々、欲求不満を感じることになる。しかし、度の過ぎた頑固な邪魔や欲求不満に取り組み、これら精神的かつ霊的手段によって除外することができる。

何よりもまず、生命を理解するということが基本となる。つまり、生活のすべてと身に起こるあらゆる体験を、無条件に受け容れるのである。理解するにつれ、生命と生活を愛するようになる。というのも愛と理解は無二にして同体であるからだ。理解はまた、もはや自然的過程を妨げることを止め、受容によって本質と共同するという裁断を促すだろう。霊的かつ精神的修養の体系は、これらの抑圧的状態は緩和しうるという見込みを保持してきた。財産と同様に理解の乏しい生活状況は、これらの技法が治療の余地ありと、常に認めてきたものである。普通の方法は、いわゆる無意識的精神に必要という観念が沈みこむような、そんな深く高尚な、ちょうどあの精神刺戟、求めている道徳的性質もしくは物的事象への反映の方法である。もしも無意識に至る障壁が貫かれ、無意識が必要観念を受け容れたら、おそかれ早かれ生命力は、不可避的にそれら必要とするものの一つを引きつけると、そう言われている。しかし、あらゆる治療法を用いた場合と同じく、たとえ前述の技法を周到に固守したとしても、成功を得られない例が多くある。ということは、私見だが、彼らの治癒努力がむくわれなくなる何か同一の理由があって、失敗してしまうのである。手短かに述べれば、治癒効果を生みだす内的な精神力学的機構を、本当に理解してはいないというのが、その理由である。その方法を用いれば、無意識の動的な性質が刺戟され、その福祉にとって必要なもしくは真に望まれているものならば何でもそれ自体に引きつける強力な磁性体へと、人間性を変成するのだが、その方法に対して正しい評価がなされていないのである。

この訓練は道徳上弁護可能であるか否か、おそらく起こってくる問題だろうが、くどくどと論考するつもりはない。しかし、答えは簡潔である。我々が有している能力は、どのようなものでも利用されるべくしつらえられており、実際に我々自身と他人の双方の便宜のために用いられるのである。精神的軋轢、欲求不満感、過度の状態が続く時、どのような方法を用いれば我々自身と仲間に役立つことができるのか、この事に私は触れずにいた。まず、これらの束縛を除去し、霊的本質が人格を貫き実用的な方向で現われるように、心的感情的能力を改良すれば良い。その時、我我が接触する事になる人に、何らかの役に立つ立場にいるのである。先に内的な心理＝霊的中枢を刺戟し、鮮明強烈に、宇宙に自分の要求を形成すると、道理と可能性の枠内に存在する限りでは、求めるものはほとんど何でも惹きつけることができる。

最初に前置きとして、私のさらに進んだ観察を述べさせていただこう。実践的見地からすれば、占星学的大要の根本には、厖大な種類の事物を簡明に分類するという言葉にならぬほどの価値がある。占星学そのものをここで述べるつもりはない。ただ、その大要を利用すれば便利であるということなのだ。その基盤は七つの主要概念もしくは七惑星であり、これにほとんどの観念や事象が振り当てられている。これら根本概念の各々に、積極的もしくは消極的な色合いと、振動を目的の聖なる名前が属している。以下に、主要な属性とともに惑星名をあげておく。

土星　老人と古い計画。負債と返済。農業。不動産、死、遺言、安定、不活発。積極色は藍色。消極色は黒。イェホヴァ・イェロヒム。イェーホーヴォー・エーローヒームと発音。

木星　富裕、多量、成長、拡大、寛大。霊性、幻影、夢、長旅。銀行家、貸方に借方、賭博。積極色は紫。消極色は青。エル、このまま正確に発音する。

火星　エネルギー、急激、怒り、(適用次第で)建設もしくは破壊。危険、外科。活力と磁気。意志の力。積極及び消極色は鮮やかな赤。エロヒム・ギボル。発音はエーローヒーム・ギーボル。

太陽　優越者、雇用者、執行者、公務員。力と成功。生命、金銭、あらゆる種類の成長。啓蒙、想像力、精神力。健康。積極色はオレンジ。消極色は黄もしくは金色。イェホヴァ・エロア・ヴェダアス。イェーホーヴォー・エーローー・ヴェダーアースと発音。

金星　社会的事象、愛情と感情、女性、若者。あらゆる喜びと芸術、音楽、美、贅沢、奢り、我がまま。両色ともにエメラルドグリーン。イェホヴァ・ツァヴァオス。イェーホーヴォー・ツァーヴォーオースと発音。

水星　実業関係、執筆、契約、裁判、短い旅。売り買い、バーゲン、隣人、情報の受け渡し。文学的才能と知的な友人。書籍、書類。積極色は黄色、消極色はオレンヂ。エロヒム・ツァヴァオス。
一般大衆、女性。感覚反応。短い旅と移動。変化と波動。パーソナリティー。積極色は青、消極色は暗褐色。シャダイ・エル・カイ。

月

非常に簡単ではあるが、これらは惑星の属性である。その下に、おおよそ万物、あらゆる主題が分類されている。この分類は極めて便利である。というのも、肉体的霊的発達という我々の作業を、度はずれに単純化してしまうからである。もし、語を結ぶ前に二、三簡単な基本例を示せば、これらの照応を使用する方法とその機能を具体的に説明するためには、それがもっとも良いことだろう。

書店で入手困難な書籍を必要とするある種の研究に、私が従事していると想像してもらいたい。本を幾ら請求しても、良い値で買うつもりもあり広告を広く出して求めても、今、私の努力は効果のないものだ。結果、私の研究は当分、お手上げとなる。この遅れは過大ないらだちを生み出すにいたり、終止符を打つべく、自分自身の技法を用いることに決める。ある規定した時間に、なるべく朝目覚めた時と夜眠る前、私はリズム呼吸と中央の柱を実行する。これらの方法によって、莫大な量の霊的力を利用可能にし、無意識を強力な蓄電池に変え、自分の欲求を成就するための力を投射もしくは誘引する用意ができる。これを、私はオーラ体を通じて循環させる。

私の次の段階は、水星の積極色もしくは消極色のオレンヂ色を心象化することである。これは、それについて瞑想して、取り巻くオーラの色をその色合いに変化させるためである。オレンヂ色が用いられるのは、私の必要とする書籍は水星に帰属しているからである。私が消極色を用いるのは、それが感覚の球を開き、従順に受容的にするからである。私の感覚にとって、宇宙の水星的力がその球の磁気的誘引に反応すると思えるまで、何度も何度もこれに合った聖なる名前を振動させて、球を力で満たし活性化し続ける。宇宙のあらゆる諸力は、自分のさらなる作業に必要な書籍、文書、批評、友人等々を誘いながら、私の球の上に集中してきていると想像する。持続的かつ集中的作業の後、必然的に、友人達や本屋から全く偶然——のように見える——目当ての本が手に入ると聞くのである。申し分のない人物に紹介されて、私の仕事は大いに援助を受ける。ともかく、結果は完全に自然な形で現われる。これらの方法の使用が既知の自然法則と矛盾するとか、奇蹟的現象が起こるだろうなどと、想像してはならない。それどころではない。方法の内には、超自然なものなど全く無い。これらの手段は、通常は人の裡に隠れ、あらゆる人が所有している霊的原理を使用することを基盤としている。この点においては、特別な人物など存在しない。そして、これら霊的原理を使用すると、まったく正常にしかも思いもよらぬ経路を通じて、結果はもたらされるのである。

一方、文学的大望を抱き、しかしある時期才能が充分発揮されずアイデアが自由に流れ出てこなくなった友人を助けたいと思ったとする。私は、今の方法を一点だけ変えれば良い。オレンヂ色は用いず、オーラを黄もしくは金色として心象化するのである。振動する名前は同じで良い。私の球に求心的に向かう宇宙的諸力を想像するかわりに、再度私は、色彩心象化と振動によって自分の裡に目覚めた水星的力が、私から私の患者に投射されているところを実感するよう試みられねばならない。もし彼もまた同時刻に静かで瞑想的になれば、同様の瞑想で私の努力を彼が意識的に助けてくれるので、私の助力はずっと強力になる。というのは、テレパシー実験に見られるように、受信者の印象の大部分は無意識的に受け取ったものである。それゆえ、その患者の場合、彼の無意識的精神は、不在の彼に私がテレパシー的に送り出した力や刺戟《インスピレーション》を、自動的に必ずや拾いあげるだろう。

この手段は、テレパシー的暗示と生命力の意図的伝達を結ぶものである。私は、他を犠牲にしてある一学派を理論上で支持する区分的弁護者に、激しく異議を唱える。ある人達は暗示やテレパシーを否定し、熱狂的に生命磁気に関して論じている。他のある人達は断固として磁気作用《マグネティズム》の存在を認めようとせず、もっぱらテレパシーや暗示に味方してそれらの証拠を押しつけてくる。彼らの考え方こそただ一つの宇宙的な正当性を有しているもしくは唯一の論理的説明であると主張するが、双方とも不正確で独断的である。等しく、各々は、ある点においてそして幾つかの場合においては正しいものなのだ。各々のための場所が、事物の自然経済の内に存在する。それら二つのそして無数の他の諸力の相互存在を認めてしまうほど、自然の源泉は偉大かつ広大なのである。

技術的な手順は、見てきたように——たとえ個人的目的のために用いるとしても——ことほどに簡単である。自分が想像していたように寛大な人物ではなく、実は卑しいしみったれである、という認識が突然私に訪れたところを想像してもらいたい。もちろん、何故初年期に卑しさの癖が生まれるように本性が曲がってしまったか、これを発見するために、一連の精神分析を受けることもできた。しかし、これは長たらしく高価な仕事である——明らかにその必要性に反してひどい論議があった。そしてその多くは、分析医と私自身と彼の関係に依っていた。しかし、そのかわり、以下の技法には頼っている。第一段階は上記のものからなっている——リズム呼吸、頭から足までの光軸の形成、オーラを通しての力の循環である。次に、高雅な人生観と態度は木星の特質であることを心に留めておき、しばしば力強く聖なる名前エルを振動させつつ、自身の周りを空色の球に囲ませる。名前を唱える際に声を出すか否かは、この方法の熟練と慣れに大体関わってくる。しかし、いずれにせよ、力強い木星の流れが私の存在に浸透するだろう。私は更に、各細胞が青い大海に浴しているところを心象化した。そして自分の球があらゆる方向から侵入してくる流れを想像しようとする。自分のあらゆる思考と感情は、文字通り青で行う。ゆっくりと精妙な変成が続く。私が誠実で自分の欠点を正したく願い、正確にかつ時折実践を行うに充分寛大になれるとしたら、そうなるだろう。

同様に、友人や患者が似たような悪弊に悩み私に助けを求めるならば、この場合は投射のために積極色を用いる。私は、自分の球を非常に活動的で濃麗な紫の球として形成し、その寛大で、人を癒す豊かな影響力を彼の心と人格に投射する。時につれて欠点は満足のいくよう改められ、かくして彼の霊的本性は強まるだろう。

等々、これらの明らかな例は、確かに、この方法の応用を教えてくれたことだろう。

ある結果をただ望み、そしてぼんやりと次に起こることを待つだけでは充分ではない。そのような怠惰な遣り口では失敗しか生まれない。やる価値があり成功の見込みのあるものはみな、多くの仕事と忍耐を欲求する。中央の柱の技法もその例外ではない。しかし、これへの献身は、起こってくる結果の特徴と性質を考えると、極めて価値の高いものである。日に一度で、方法の効果は見えてくるだろう。日に二度ならばもっと良い——特にもし克服すべき何かの疾病や霊的困難がある場合には。しばらくたてば、誠実で霊的本性が徐々に開花しつつある人間は、私がここに提出した約束に全く関わりなく、その技法を自分に適用するだろう。治癒力、貧困と心配を離れる事、幸福——これらはすべて大いに望ましいものである。これら全部に加えて、内的な霊的自我を表現し認識したいという欲求がある。

——しかし、他の点でそして他のレヴェルで幾分かの成就がなされないかぎり、この理想はひどく達しがたい場合もあるかもしれない。しかしながら、その理想が望ましいものとして認識されるなら、その時は、この方法の値打ちは最終的には、やはり最高に効果的であると認められるであろう。

附録　魔術の技法

イスラエル・リガルディー
片山章久　訳

現在隠秘学《オカルティズム》と呼ばれているものから成るすべての対象のうちで、最も誤解されているのは「魔術」である。あるものにとっては全く不明瞭かつ曖昧なものである「錬金術」でさえ、「魔術」と比べればよほど大きな共感や理解を得ている。例えば、心理学者ユングは彼のエッセイ「自我と無意識」の中で、錬金術についてこう記している。「現在の錬金術に対する見地を受けいれることをするなら、それは真の価値を許せぬほど低めることになるし、錬金術師の精神的な努力を、単なるレトルトや精錬炉の次元に低めてしまうことになる。確かにそのような側面は錬金術には存在する。錬金術は精密な化学の仮りそめの始まりを表わしてはいるからだ。だが、錬金術にはこれまで真の価値を測られたことの精神的な側面が存在するのであり それは心理学的見地から見ても決して過小評価をしてはならないものなのである」しかし、不思議なことに「魔術」はこのような評価を受けたことがない——「魔術」という単語が無意識と同類語である限り、またこれが「無意識」を認識するための素朴な試みであると言われる限りを除いては。従って、魔術の一連の作用を理解することに関してはかろうじて最小限の試みがあるにすぎないのである。この時点においては、この驚くべき現象についての可能な原因を分析するつもりはない。より重要なのは、この魔術という対象にもう少しまともな知的な研究法を持ち込むことによって、「魔術」の世界に明るい最初の燭光を投げかけ、より多くの人々をその情熱と時間のわずかでもこの魔術というものの研究に捧げようという気にさせることなのである。これがもたらす利益と恩恵は、この努力を時間を費やすだけの価値があるものとするものである。

最初に単純かつ手短かに言うなら、「魔術」というものが主に現代心理学と全く同じ世界と関わっているといえる。それは、いわば、通常我々が意識していないながらも生活に大きな影響を及ぼす精神《プシュケー》の領域と関連があるのである。「魔術」とは我々のより深い部分を探ることが可能となるように考案された一連の心理学的手法なのである。なんのために？　まず第一に、我々は自己を理解しなければならないのである。そのような自己認識はそれ自体望ましいものであるという事実の他、内なる本質の理解は、我々を無意識的な衝動や動機づけから解放し、生き方を支配することを可能にしてくれる。第二に、日常生活において内なる自我をより完全に表現できるようになるからである。広い寛容や心の平穏、そして世界に満ちる友愛といった物事の理想的なユートピア的状況を望むことができるのは、全体としての人類もしくはこの世界から生まれ出づるより進化した男女が内なる認識をかなりの程度まで確立した時しかないのだ。「魔術」がその存在理由《レゾン・デートル》を負うのはこれらの目的からなのである。

この問題を他の観点から見ると、「魔術」は「宗教」と同じ問題に関わっているといえる。宗教では「神」の存在や本質についての無駄な考察で貴重な時間を費やしたりはしない。教義上において、遍在しまた永遠の生命原理の存在を主張している。それゆえ、真に科学的な意味でそれを独力で探る多くの手段を提供しているのだ。どうやって神について知ったらよいのだろうか？　この問題についても前と同様に人間の意識に関しての明確に定義された精密なテクニックがあり、それによって意識を万物に満ちまた支える宇宙の霊との直接経験へと高めることが可能である。私は熟考のうえでのテクニックが明確に定義されていると述べた。というのも、この体系は善人でありながらも凡庸な思想家が人間本来の限界を受け入れることを拒み、中途に待ちうける種々の問題を無視しながらあまりに高みをめざす態度を忌み嫌っているからである。

ある十階建てのビルがあるとしよう。どうやって屋上まで行くのだろうか？　どう考えても地上と屋上とが二百フィート以上も離れていることを無視することによってではない！　ところが、この態度こそがいわゆる神秘宗教における単純なカルトのものなのである。その定義するところでは、神とは小宇宙的《ミクロコスミック》な精神が統合されるべき無限意識の強化された状態である。ここまではまあまあで、ここにおいては「魔術」においても観点を等しくする。ところが、彼らの主張するのは、今ある自分と究極の目的である「神」との間にある段階を無視することによって到達の最頂点を得ようということである。これはまるで前述のビルの屋上まで地上から跳躍しようとするようなものだ。「魔術」ではこれとは少し違った態度をとる。即ち、それは路上の架空の人間がとる常識的な態度と非常に近しいものなのである。ビルの屋上に達するためには、そこに通ずる階段を登るか登りのエレベーターを使わなければならない。そのどちらにせよそれは漸進的なものであり、何ならばそれを進化と呼んでもよいだろう。

魔術的理論によれば、人間とはその感覚、知覚、知性という幾つかの能力が永劫の進化の過程によってゆるやかに発展してきたかなり複雑な生物である。これらの能力を無視してしまうのは破滅的なことで、なぜならば明らかにこれらの能力は重要な裡なる必要性に応えるための有用な目的のために発達してきたからである。真の賞賛すべき目的、神との合一を切望するにあたっては、手法が何であれこれらの能力を考慮に入れ、なおかつその経験においてそれらが役割りを果たせるように開発することを絶対に忘れてはならない。進化が望むべき過程だとするなら、人間全体が進化せねばならず、その人の些少な部分や側面だけが発展されるのではなく、その人の本質の他の部分すべてが存在の原初的、幼児的な水準のまま発展されずにいるようなことがあってはならない。さらにいえば、これらの能力は、崇高でありながらもとてつもなく強力なものである到達に際して間違いなく受けるはずの大きな負荷に耐えられるように訓練されなければならない。それぞれの能力は、人間と宇宙の意識の様々な次元において一段階ずつ徐々に訓練され、また導かれなければならない。そうすることによってそれぞれの能力は高いポテンシャルのエネルギーや表象作用、そして啓示や意識の拡大を伴うに違いない霊感に慣れていくことができるのである。これを発達の段階として認識することをあやまてば、間違いなく、隠秘学や神秘学の集会でしばしば起こる破局へとつながるのである。

「魔術」という分野全体の鳥瞰をすれば、便宜上少なくとも三つの大きな部門があるといえる。第一に「予知」、第二に「召喚」と「幻視」、第三に「祈禱」である。それぞれ別個に定義し、短いながら解説してみよう。

第一の部門についていえば、魔術的な仮説は極めて明確なものである。その主張するところでは、予知は単なる運勢判断とは全く関係がなく、また物質界の出来事の背景にある霊的原因を予言するとともに関係がないとしている。もっとも、後者には非常な重要性が存在してはいる。しかしながら、正しく導かれた予知の実践はその目的として直観という裡なる精神機能を発達させることにあるのだ。精神内部のとらえがたい世界に対する鋭い感覚を発達させるのは、霊的にも非常に大きな長所となる。この訓練を充分長期に亘って続けることによって、ゆっくりではあるが確実に人間の意識と通常自覚していない深く潜んだ精神領域、――「無意識」即ち高次の「自我」との間にある種の橋が築かれることになる。人間の本質のそのような深い側面にこそ、弁別力、霊的洞察力、聖なる知恵といったものの根本が存在しているのである。予知の目的とは即ちごく単純にいってしまえばある精神機構の構築に他ならず、その機構によって日常意識、即ちエゴがその啓示や生命の源に到達し得るのである。最初はこの機構が明らかに取るに足らない問題についての解答しか与えてくれないことに関しては、それ自体このテクニックへの何の難点ともならない。どんな研究においても、予備段階ではそれが無意味であったりその研究にはそぐわないように見えるものである。そして、予知においてもそれは例外ではない。そしてまた、このテクニックが心ないペテン師による乱用にさらされているのもこの難点を正当化するものではない。しかし、誠意をこめて知的にたゆみなく、正統な学徒によって実践された時、意識は次第に認識の深い次元へと達するのである。「脳は瞑想に対して透過性となり、魂の命ずるところとなる」とは現代の神智学の表現であるが、訓練の結果の実際についての正しい陳述といえよう。分析心理学の目的が「無意識」の抑圧された内容を日常の意識へと同化することであるように、これらの魔術的手法は人間の心がそれ自体これまで理解していたよりも無限に大きく、深く、賢いことを認識させることにある。事物の霊的側面を認知する感覚が心に発達しはじめるのである。それは自分自身の生得の高度な知恵の認識であり、人間と宇宙に働く神性の認識である。そういった観点こそ、予知を単なる隠秘学《オカルト》の技術から神秘学的努力に固有な部分へと向上させるものなのだ。

土卜い《ジオマンシー》、タロット、占星術が予知体系の基本的な手法である。土卜いは土を用いて行う予知である。かつてはその実践者は実際に砂や黒土を印や象徴を追うために用いたが、これは典型的な原始的また中世的な方法である。今日では、土卜い師は鉛筆と紙を用いる。それは理論的には実践者といわゆる聖霊即ち大地の精との魔術的な結びつきを形成するのに鉛筆の中の黒鉛に頼むものである。私の経験からいえばかなり効果的なテクニックであり、私のここ数年の成績では八〇パーセントの精度を主張できる。タロットとは一組のカードの名前で、七十八枚から成っている。ヨーロッパには一四世紀か一五世紀に紹介されたのだが、それがどこからのものかというと、誰にもその起源はわからない。その起源は全くの謎となっている。ヨーロッパでは、ある時期においてはこのカードが入手不可能であることがわかっているが、また他の時には自由に流通していた。占星術についてはほとんど何も言う必要がないだろう。というのも、占星術は長い間民衆が最も親しんできた一番通俗な手法であるからだ。これらの手法を確かな目的をもって実践する者はすべて私が記述した効果に気づかれることと思う。そして、予知を行った者は自分が尋ねた質問に対して完全に満足すべき解答を得て、感謝と驚きの心をもってその出発点から旅出つ一方、精神の裡に生ずる直観的認識の発達がこの技術のさらに重要な側面を形成していくのである。

ここで、比較的単純な予知という領域から離れて曖昧な問題である「召喚」という深い部分にとりかかることにしよう。ここにおいて最も困難な問題が生じる。この問題に関する最も大きな誤解と、さらには恐怖が生まれるのは魔術のこの段階に関連してのことである。

この問題を説明するにあたって、再び現代心理学の用語を使わせていただこう。フロイト、ユングの学説が広まって以来、この四半世紀に「コンプレックス」という用語がかなり広くに知られるようになった。この用語は、意識的思考や行動に影響を与えることのできる、強い情緒的負担を伴う概念の集合体もしくはグループを意味する。例えば、私の興味が「魔術」であれば、自然と私が得た情報はすべて、その性質は何であれ、私の興味の周囲に群がる概念の星座となっていこう。即ち、これが年をとるにつれて完全なるコンプレックスとなっていくのである。酪農婦のジョーンズ夫人は、彼女の職業的偏愛から、ミルクや乳牛、バターや卵の値段を中心としたコンプレックスを持つようになるのである。

しかしながら、この定義を起えて、さらに上位にはもっと微妙な概念ないしは感情の一つのグループが存在する。これは、重要かつ支配的主題、例えばセックスや劣等感を克服する必要性、また幼年期の心理的外傷など、神経的エネルギーを縛りつけ、締めつけるものに集まるものである。こうして、心理的抑圧の結果として、その所有者が全く意識することがないコンプレックスが見出されるのである——即ちそれは、不安感、全く理由のない病的な恐怖からくる強迫観念、そして絶え間ない心配などである。さらに、論ずるにはあまりに強力かつ不快なものとなってしまったために、人格の主たる部分から完全に離れてしまった感情の布置、気分、そして情緒的反応が存在しよう。現代心理学がコンプレックスと称するものはこういった意味においてのものである。古代の「魔術」という心理学においてもその独自の分類体系と用語体系が存在し、これを「悪霊《スピリット》」と命名していた。「魔術」的分類体系とはカバラにおけるセフィロト、即ち思考の十の根本範疇である。

さて、試みにその用語を翻訳してみれば、劣等感は「ティファレト」の悪霊と呼べよう。その名は「**ソラス**」(*Soras*)であり、これは「ティファレト」の帰属物もしくは関連物が、個人の天文学的象徴である太陽であると見なされていることからきている。従って、人格への苦悩は、劣等感の一般的ないしはおおよその定義とされているが「**ソラス**」に帰することができよう。それぞれのセフィラの悪霊は悪の本質を持つと考えられている。不安感となって表われるコンプレックスは「イェソド」即ち「月」の悪霊であり、その名は「**ハシュマダイ**」(*Chashmodai*)である。「イェソド」の持つ性質は、星幽《アストラル》的構造もしくは基礎であり、これは物質形態にその安定性や恒久性を与えるものである。言い変えれば、安心感と力の象徴となる。感情が意識から遊離してしまった場合、それは「ホド」即ち「水星」の悪霊「**タフタルタラト**」(*Taphthartharath*)の影響である。感情の混沌のなかでもがき、意識や理性的能力をむらなく発達させようとすることを拒む者は「ネツァク」即ち「金星」の悪霊「**ハニエル**」(*Haniel*)の支配下にある。故意に物を壊し、また自分自身を傷つけようとする傾向の症状を示すようになる純粋に破壊的また自殺的神経症は、好戦的な性質のもので、「ゲブラー」即ち「火星」の悪霊「**サマエル**」(*Samael*)に属する。

当然のことながら、これは主観的観点によるものである。純粋な客観的観点による隠秘学理論が存在することは否定はしないが、ここでそれを論ずることはできない。

現代では、神経症を治療するため、つまり患者の思考や感情の領域からそれを排除するにはどうしているのだろうか。原則的には、分析的方法によってである。患者は生涯を自由に語ったり、父と母に関する幼い時の経験、兄弟姉妹や学校、遊び仲間など、すべての環境に対しての態度について詳細に熟考することを奨励される。特にこれら幼い時の経験に対しての感情的な反応について考え、想像力を用いて追体験し、それらに対する感情を詳述し分析することを求められるのである。さらに、分析時の夢も注意深く精密な調査の対象となる。これは、夢が覚醒時の意識に妨害されない自然の精神活動であるから必要とされるのである。これらの作業によって生活上の刺戟に対する現在の無意識的反応が明らかにされるのである。その反応こそが患者の意識的外観を変化させ、また形成さえするものなのである。この方法によって患者は客観的にコンプレックスの本質を理解することが可能になる。短い時間でも、患者はコンプレックスから自分を引き離さなければならない。そして、コンプレックスについてのこの重要な客観的調査そしてコンプレックスの本質と存在に至る手段の理解によって、一度にすべてではなく徐々に時間をかけながら、コンプレックスを思考から排除することが可能となるのである。

「魔術」では、これとは少し違ったテクニックを用いる。魔術においても、これら自然ではあるが思い通りにならない思考法がいかに破壊的であるか、またそれが人格をいかにそこなうかということは認識されている。多くの身体的倫理的危害の他、優柔不断、ためらい、記憶力のなさ、感情や感覚の麻痺、衝動強迫や恐怖症は、これらコンプレックス即ち悪霊支配の結果である。患者は、ほとんど自分ではないほどその時とりつかれた気分のままになってしまうため、古代人の豊かな想像力には、なにか外部の霊的存在が本当にとりついたかのようにみえたのであろう。従って、もとの働きをとりもどし、また通常の状態にもどすため、これらの苦痛の原因を意識から除かなければならないのである。

まず最初の段階として、魔術ではそれらに人格を与え、実体の形態をもつものとして調査し、明確な名称と性質を与える。自分自身の心の内容物に人間的性格や名称を与えるのは精神の性質である。これを行うに際して、現代心理学の権威といえば斯界の第一人者であるC・G・ユング博士の賛同をも魔術的体系は受けると言ってよいだろう。彼は『黄金の華の秘密』の註解でこれらのコンプレックスを「自律性を持つ心の断片的体系」と名付けている。この「断片的体系」について彼はこう述べている。

「心的人格の構成要素そのものであり、したがって〔徳性とか性質といった〕人格的特性をもたなければならないわけである。そのような断片的体系は、特に精神的や心因性の人格分裂（二重人格）、あるいはありふれた霊媒現象などによく認められる。」（『黄金の華の秘密』C・G・ユング R・ヴィルヘルム著 人文書院 湯浅泰雄・定方昭夫訳）

前にも述べたように、これらコンプレックス即ち特定の概念の集合体に人格を与えるのは人間精神の自然な傾向なのである。もう一つの証拠として、夢における現象を引き合いに出してもよい。夢においては、非常にしばしば精神的障害やコンプレックスが象徴的にある人間や動物の形態を与えられるのである。

次の段階においては、古代の科学である「魔術」はこう主張する。このコンプレックスを除くためには、その存在をある程度認知できるよう、患者もしくは学徒の意識に対してコンプレックスを客観的なものとすることが必要である。これら潜在意識の感情のもつれ、即ち悪霊が未知でコントロールされていない時は、患者がそれを最高の利益を得るようにコントロールし、完全に調べつくし、ある物を取り、あるものを捨て去ることは不可能である。説によれば、まず第一に、それらをコントロールする前に実体のあるような客観的形態を与えなければならない。それらに実体がなく、無定形で、自我によって認知されていないかぎりは、それらを正しく取りあつかうことはできない。だが、正統的な召喚の儀式により暗い下界の霊、即ち無意識の深い層に潜む概念であるコンプレックスが暗闇より魔術的三角形の中に物質化現象となって目に見えるものとして喚びだすことができる。この技術的方法によって喚びだされることによって、それらは抽象的象徴や「魔術」の正当的処法により、施術師の刺戟された意志や意識でコントロールされるのである。言葉を換えれば、コンプレックスは再び意識に併合されるのである。もはや独立した悪霊が星幽《アストラル》界に放浪することはなく、また「無意識」の裡に断片的体系が残ることなく、個々人の意識的生活において障害とはならなくなるのである。それらは再び人格に統合され、そこにおいて、精神的統一性や無欠性をおびやかす無法者、悪者、極悪非道の敵であるかわりに、いわば役に立つ市民、精神《プシユケー》のなくてはならない部分となるのである。

どうしたらこれらを喚び出すことができるのだろうか？　これら自律性を持つ断片的体系に客観性を与えるにはどんな技術的方法が必要なのだろうか？　魔術が正統な心理学と別れるのはここにおいてである。これらの問題に関わるには、現代の心理学では多額の出費と長い退屈な月日が必要であり、これを続けるに充分なほどの強い忍耐を持つ人はそういない。魔術理論では、儀式を用いて感情的知性的刺戟を与えるという激しい手法を使う。「召喚」の儀式のあいだ、聖なる名と霊の名が召喚の儀式の一部として絶えず喚ばれる。テンプルの中の象徴的位置に従って周回が行われる。その位置とは無意識の様々な層や精神世界のそれぞれの領域を表わす。息は肺に吸い込まれ、ヒンズー教のプラナーヤーマ・ヨーガのように、ある特定の想像に従ってコントロールされる。これらの実行により、意識はそれ自体にかかわらずその「無意識」の内容物を力強く噴出するようになるまで開かれるほど刺戟をうけるのである。噴出はでたらめにではなくしっかりとコントロールされ統制される。なぜなら、カバリストは完全に示唆や連想に精通しており、観念連想により必要とされるひとつのつながりの概念を精神《プシユケー》に示唆するようその召喚をとりはからうからである。それも、必要とされる概念だけを得られるように。そうして特定の断片的体系が感覚領域から発し、外に投影される。それは、通常、物理的身体の基礎もしくはデザインとなる内的身体を構成し、また身体と精神の掛け橋ともなる星幽《アストラル》界物質ないしはエーテル物質として顕現する。それは即ち精神の乗物なのである。星幽《アストラル》形態はここで「無意識」から投射された断片的体系を反映し、儀式の間絶えず焚かれる重い香の分子をひきよせる。そして儀式が進むにつれて徐々に物質化が強まり、形を持ち自律的存在である人格を持つ。これは話しかけることもできるし、話すこともできる。同様に、儀式の施術者によって導かれ、コントロールされることも可能である。そして施術の最後に、一定の術式によって施術者のもとにゆっくりと、かつ意識的に吸収されるのである。

「さて、我、いま汝に告げん。（コンプレックスを司る聖なる名をとなえ）の御名の祝福を受けてここより去るべし。そしてこれより我と汝のあいだには平和のあらんことを。そして儀式によると動作によるとを問わず、我の喚びかけには直ちに来たりて我が意志に従うべし」

こうして、悪霊支配の結果生じていた意識の欠陥が修復され、この抑圧により損なわれていた厖大な力と感情が意識に付加され、悪霊の性質によって施術者の精神《プシユケー》が特定の方法に刺戟されるのである。概括すれば、「召喚」の目的とは、人間の精神《プシユケー》のある部分、即ち多かれ少なかれ損なわれていた重要な性質を、意図的にもとのように傑出させることにある。隠喩を続ければ、刺戟された意志と創造力の力、そして星幽界《アストラル》物質を発することによって身体と名称を与えることにより、太陽の熱と支えによって特別に滋養を与えられ、水と食物を与えられてそれは育ちまた花開くのである。

この種の「魔術」を試みる前に、これに関して精通することがもちろん必要である。それには研究と長期の訓練が必要である。魔術的作業の、この畏敬の念さえも起こさせる危険な側面を実行しようと試みる前に、適切な魔術的術式にのっとった骨の折れるたゆみない労苦を行うことが必要なのである。しかし、それには分析手順に関してこれまで書いたような利益が存在するのである。その技術をわがものとし、特別な連想軌跡に精通した時、それは非常に迅速なものとなり、かなりの程度に完璧で、カタルシスのために効果的なものとなるのである。いつの日か、心理学者によって広く用いられるものとなる改造版ができることを私は切に望んでいる。

この技術には、重要な変種が存在する。それは、一見すると、「召喚」の技法とはほとんど何の関連もないように見えるものである。しかし、これもまたその目的として精神《プシユケー》の無意識的内容物と通常の意識とを同化しようとするものである。また、その目的は、宇宙の本質についての学徒の知的概念を拡大することによって精神の地平を広げることなのである。

この手法の基本的な技術的過程は、「地」、「風」、「水」、「火」、「エーテル」の元素の色つきの象徴を描くことが必要である。これらのそれぞれには、異なった伝統的な象徴と色がある。「地」には黄色の四角形があてられる。「風」には青い円である。「水」は銀の三日月形である。「火」は赤い三角形である。「エーテル」は黒い卵形である。これらのうちのどれか一つの象徴を数秒間、一心に見つめた後、視界を何か白色か中間色のものに投じると、それの上に補色の投影像が映る。これは通常の錯視で、それ自体にはこれといった意味はない。視覚上の投影像が得られたなら、学徒は目を閉じ、自分の前にその象徴形と元素の補色があることを心に描くことを勧められる。次に、その形を、自分が歩いて通り抜けることができるほどの大きさにまで拡大しなければならない。その時、学徒は、自分の想像力が完全に発揮され、自由に遊ばせることを許さなければならないのである。この段階において特に重要なのは神性を持つ、即ちこの象徴に固有の伝統的大天使の名を絶えず反響させなければならないことである。これらの名は、私の著作『黄金の夜明け』(原著者の四部作)の最初の巻に見出されよう。

この方法により、幻視を手段として想像的かつ透視的に、彼の選んだ象徴の本質の領域へと入ることができるのである。元素から元素へと続けるうちに、「自然」の中に存在する幾つかの位階的次元の理解を伴う共鳴的接触を得て、なおかつ自分の意識の領域がとてつもなく拡大するのである。

心理学的観点からみると、魔術理論は「無意識」(これは、氷山の十分の九が水面下に隠れ、全く姿を現わさないのと比較される)を五つの主要な層もしくは細分に分類すると我々は理解することができる。これら五つの階層は五つの元素に対応する。最も皮相的な存在は「地」であり、最も深い存在は「エーテル」即ち「霊」である。この幻視もしくは空想の技術に従うことにより、志願者の通常意識は、無意識との間に存在する、これの他には貫通不可能な障壁を越えることが可能となるのである。精神の二つの相に絆が形成され、橋が築かれる。これを通じて精神《プシュケー》がどんな時でも通過することが可能となるのである。想像的投影によってこれらの様々な精神的次元に入ることは、概念、ひらめき、そして生命力が意識に到達するのに用いる連想軌跡を形成することと相似する。

こうして得られた幻視は一般的にある種の夢と対応する。しかしながら、この幻視は完全に目覚めた状態で経験される——その状態においては、意志、批評能力、知覚といった意識のどんな能力も休止状態にはないのである。統合的かつ建設的観点からいえば、分析のめざすところはそれらの能力という手段によって到達できるのである。汎きにわたる知識や感情はそうやって開かれ、緊張も困難もなく個人の利益や霊的発達のために同化されるのだ。

幻視の解釈というのは重要なポイントである。その解釈を忘れるということは、同様の手法を用いた人々に非常にしばしば見られるような知的不毛さや霊的空虚さの原因となる。夢や意識的でない空想の象徴分析についてのユングの手法を知ることはここにおいて非常に有効であろうし、『生命の樹』の十のセフィロトについてのカバラ的象徴に有用な付加物を与えてくれる。先に進む前に、ユングが『分析心理学についての二つのエッセイ』(原題はDie Beziehungen zwischen dem Ich und dem Unbewussten (1928). translated by R.F.C. HULL. THE COLLECTED WORKS OF C.G. Jung Vol. 7)の終わり近くで、私が今述べたタットワの技術に非常によく似たある患者の意識的ではない空想について説明していることを記しておこう。彼はそれを「意識の背後に極度の集中が認められる『幻視』で、それは長い期間の訓練によって可能となる技術」と呼んでいる。それは非常に興味深いものであるから、ここに引用してみよう。

「私は山を登り、七つの赤い石が私の前に、両面にも七つの石があり、私の後ろにも七つの石がある場所へと着きました。私はその四角形の中心へと立ちました。その石は石段のように平たいものでした。私は自分に一番近い四つの石を持ちあげてみようとしました。そうしてみると、その石は逆さまに地面に埋められた四つの神の像の台座だということがわかりました。私はその像四つを掘り出し、私がその中心に立つように並べました。すると突然その像はお互いに頭がくっつくまで傾いて、まるで私の上にテントが張ったようになりました。私は地面に倒れ伏し、こう言いました。

『そうしなければならないのなら私の上に倒れてきてくれ。私は疲れたのだから』

その時私は頭上に、四つの神を囲むように炎の輪ができるのを見ました。しばらくしてから私は立ち上がり、神の像を遠くへ投げました。するとその像が落ちた所には四本の木が育ち始めたのです。すると今度は炎の輪から木々の梢を焼く青い火花が飛んだのです。これを見て私は言いました。

『これを止めなければならない。自分が炎のなかへと入って葉が焼かれないようにしなければならない』

そして私は炎の中へと入って行きました。木々は消え、炎の輪は私を地面から持ち上げる一つの大きな火炎となったのです」

「予知」、「召喚」、「幻視」は魔術における準備的技術である。これらを用いることについては、その意味と技術過程において正しい理解がある時に少なからぬその理由があることをこれまでに見てきた。しかし、これらはほんの準備的手法にすぎない。これらは、至高の秘蹟へと通じる一歩一歩の段階でしかないのだ。「魔術」の必然的目的とは「神秘主義」において理解されているものと同一のもの、即ち「神」との合一に他ならない。「魔術」では、神性を「霊」と「光」と「愛」として理解している。それはすべてに充満し、遍在する欠かすことのできなぬ力であり、万物に浸透し、最小の電子から心をもひるませる最大の星雲までのすべての生命を支えるものなのである。存在の究極の実体とはこの「生命」であり、我々が生き活動し肉体を持つのはこの極限的意識においてである。顕現のこちらに宇宙の中心はその無限性の中に発展する。その中心とは聖なる知性と力を持ち、宇宙的高圧はそこにおいて限定され低次の鍵となり、究極的には実在物の顕現を生み出すのである。この宇宙の中心こそ我々が一時（霊ではなく）「神々」と呼ぶものである。巨大な知恵と力と霊性を持つ存在であり、未知かつ名を付けられぬ「神」と我々との間にある階級制のうちでもはるかな上位にあるものである。これらの神々が形成する階級はカバラの「生命の樹」という明白な分類を「魔術」では受ける。

先の文章で、私は数階建ての建物の屋上に登ろうと苦労している人間の比喩を用いた。「魔術」では霊の発達を相似した概念で理解している。これは、言ってみれば、人間の進化とは漸進的で順序だったものだということである。神性とは我々が到達しようとする屋上である。神秘的理想を愛する我々は地上に居るのである。ただの一跳びでは最上点をきわめることはできない。その間の距離を我々は越えなければならないのだ。屋上に達するには、我々は階段やエレベーターを利用しなければならないのである。魔術的技術として、我々は「神々」即ち階段もしくはエレベーターとなるものへの祈りを用い、「神々」の広く巨大な意識への合一を試みるのである。「神々」は我々と至高の目的との間にあるエネルギーと精神の宇宙次元を表わすものであるから、「神々」へ愛と崇拝と従順とをもって合一を成すことができたなら、それだけ我々は万物の源と根源へと近づくことができるのである。

「生命の樹」を道標《みちしるべ》として利用しながら、「神」のより大きくより広汎囲な生命へと自分の生命を加え、また自分の存在を従属させることを望んで、別の体系で名づけられた「神々」もしくは「大天使」へと魔術師は祈るのである。そうすることによって、霊的知覚力はさらにはっきりと鋭くなり、意識は流れこむ聖なる力の高圧にも慣れていくのだ。魔術師の内的進化が進むにつれ、魔術師はセフィラ即ちこれまでのものより一つ上位の次元の「神」に祈る。これまでと同じ過程に従って魔術師は自分の祈る神へと自分の本質、自分の統一した意識を合一しようとする。この後も同様に行う。ついには、無限なる超越存在と合一し、不遍の愛と同情を感じ、最高の展望と力を持つ自分自身としてすべての生命と万物を認めることができるという、霊的認識の聖なるダリエン地峡（パナマ地峡の旧名）のきわに立つ自分を見出すのである。新プラトン主義のテウルギスト、ヤンブリコスがかつてこう記している。

「すべての善の本質と完全性が神々に内包され、その最初の古《いにし》えの力が我々司祭（即ちテウルギストもしくは魔術師）にあったとしたら、そしてもし、さらに素晴らしい自然に我々同様忠実でなおかつ純粋にそれらとの統合を得ている者達にあったとしたら、すべての善の始まりと終わりは本心から追跡されるであろう。そうであったとしたら、ここにこそ真の瞑想、そして知的学問の所有が見出されよう。そして、神々についての知識は、……我々自身の知識に伴なって至るのである」

理論はこれで充分だろう。祈禱の技法とはどのようなものだろうか？　最も重要なのは想像能力である。この能力は、象徴や心象が最高の明瞭さで、たやすく、正確に視覚化されるよう訓練されなければならない。この必要性は、確かな神の姿が視覚化されなければならないことから発生している。魔術的技術で一番使われるのはエジプトの神の姿である。例えばオシリス、イシス、ホルス、ヌイトのような神の姿には、この種の訓練に特に効果的な特別の限定的性質が存在するようなのである。また別の体系では、「大天使」が「神々」と同義であるが、その姿は「神名」を構成する個々の文字の分析に基づいて視覚化される。ユダヤのカバラ体系を用いて言うなら、それぞれのヘブライの文字には色、占星学的象徴、タロットや土卜い法《ジオマンシー》の占いも意味、元素が帰属させられる。想像においていわゆるテレスマティックな「大天使」の心像を築くにあたっては、それぞれの文字が「姿」のある特定の部分もしくは手足、ある特定の恰好、姿形、色を表わすと考えるのである。このようにして、その名前の文字から、非常に明確かつ多弁な姿が理想的に生み出されるのである。

完全にくつろいだ身体の状態、即ちどんな筋肉もしくは神経の緊張も脳に妨害せぬような情報を送らないようにした状態で坐るか横になるかして、特定の「神の姿」もしくは「テレスマティックな心像」が自分をとりまき、または自分の肉体の形と同一になっているところを学徒は想像しなければならない。その存在に気づく状態にはほんの二、三分あれば充分なのだが、多くは価値ある結果を得ようとするならば少なくとも一時間程の努力が必要である。集中と思考が強烈かつ深いものになるほど、ダイナミックなエネルギーと力の流れによって身体が活気づけられるようになる。精神もまた「光」即ち強烈な感覚とインスピレーションによって満たされる。「神」もしくは「大天使」の名はその間しばしば口にされる。これには二つの目的がある。一つは、繰り返すことによって精神が理想的な姿によく集中できるからである。二つ目は、名前を口にすることによって、極小宇宙的な意識の深みのうちに、極大宇宙の力と同等もしくはそれに対応する力である魔術能力を喚び起こすのである。リズミカルな呼吸も同様に、精神と身体を安定させ、遍在しすべてに浸透する生命の内なる本質のより微妙な部分を開くために実行される。そしてさらに、「名前」の文字を「視覚化」することも実行される。伝統的な規則に従えば、文字は精神によって、姿の中を動き、また叢即ち神経の主要な中心の重要な位置を占めるために操作されるのである。これらの手法のすべてが一致して施術者の意識を高め、真の意味や超越した本質、「神」の存在などを知覚することのできる高貴な内なる次元へと、誤ることなく正確に施術者の精神を運ぶのである。

これらの手法のすべてを越えて、さらに上位には、というよりはこれらの技術を統合したものは、「魔術」の最後の相であるものが存在する。それは「秘儀伝授」であるが、私はこれについてはごく手短かにしか触れないことにする。この過程の必要性と合理性は、儀式によって志願者へと自分自身の輝きと霊力のいくらかを分け与えようとする訓練された熟達者の明白な能力に頼るものなのだ。このような力の磁気的伝達は、志願者の内なる力――長い期間眠っていた埋もれた力を覚醒させることだと理解されている。新プラトン主義者のプセルスが魔術に関してこう記している。「その機能とは、この地上にある物質を用いて人間の魂《ソウル》に秘儀を授け、完全なものとすることにある。なぜなら、魂の最高の機能をもってしても、それ自身の導きだけでは最も崇高な直観的真理、『神性』の理解を求めることはできないのであるからだ」

人間の聖なる原理は曖昧なもので奥深く隠れたものであるから、意識はそれ自体かつそれ独自には、普遍的生命の霊的な深い理解というはるかな高みに到達することは不可能であり、訓練をつんだ経験のある「魔術師《メイガス》」の手による「魔術」だけが内なる光の遮蔽物を打ち破ることができるのである。幾つかの秘儀伝授の儀式によって覚醒の種子が魂のうちに蒔かれる。それが後に広がって、脳を照らし魂に光明を投じ、再生という目的を達成するために必要な導きを与える活動的な生ある炎となるのである。

儀式の数やその細かな含意は、もちろん異なった体系にあっては違っている。しかし、その概括的な意味は完璧に一致する。特に私個人にとって意味をもつ秘儀伝授の体系では、主要な秘儀伝授の儀式は七つである。それらのうちで最初のものは準備、聖別、純化のための儀式である。これは初参入者《ニオファイト》のおぼろげな視野に、彼が切望し、またはるか彼方の暗闇におぼろに消える「光」の漠然とした暗示を与えるものである。「光」の種子が儀式の最高の言葉の裡に示されて初参入者の奥深い部分に蒔かれ、時間と作業への献身がそれを育てる使者として働き、輝きと聖なる統一の完全に成長した木として育ち、花開くのである。次の五つの儀式は、魂の根源的要素と呼ばれるものを発展させることに関連する。「意識」は「光」の監視の下におかれ、その根源的様相が強化されることを求められる。そして「光」が確かに人間の魂に内在する時、根源的自我は魂を支えるに足りるほど強力で純粋なものとなり、神の栄光を完全に受けとめることができるようになるのである。最初はこれがそれほどすぐに必要なこととは思えないかもしれない。しかし、神秘主義の異常者や、心理学的——霊的経験の穏やかな種類のものによる生の征服に完全にそぐわなかった善意の人ではあるが注意散漫な非実際的な世間の人を思い出す時、魔術的作業がその正当性を立証するであろう。神のワインが古い破れた革袋に注がれても、それは無駄なことなのだ。革袋が堅固かつ強固で、天上から注がれるワインをこぼすことなく保てるように確かめておかなければならないのである。

五つの基本的儀式が経験され、聖なる「地」、「風」、「水」、「火」、「エーテル」の種子が人間の魂のうちに蒔かれたならば、志願者はこの一連の儀式の最後の秘儀伝授に準備ができたことになる。この秘儀伝授の中心的ポイントは、一般に高次の「自我」、即ち「聖なる守護天使」と呼ばれるものへの祈りである。これは個人の中心核であり、「無意識」の根本をなすものである。「無限」との統合を目論まんとする前に、人間の構成のすべての原理が統一され、人が一つの統合された意識で、ばらばらに分離した意識の分裂した連続ではなくなるようにすることが必要なのだ。身体を構成する物質的細胞に存在する知的存在、感情と感覚の原理、精神自体の領域は、これらを用いる「自我」の真の本質、高位の「善霊《ジニアス》」を知覚することによって統合され、結び合わされなければならない。テレマスティックもしくは入門の儀式の作用によって得られた完全な状態により、全き人間、即ち完全なる人間は、生命の終わり、そしてまた始まる所へと通ずる非常に長くはあるが並ぶもののないほど明るい道へと旅立つのである。その時、そして唯その時をおいてのみ、人は生命の意味、自分の何度もの現世への転生の目的を理解することができるのである。漠然とした秘密主義は、もはやこの日常生活の困難や不安からの臆病な逃避としてなど容認や観念化できるものではない。日常生活の不安は処理することが可能であるし、さらにこれを完全に支配することによって、もはやこれは人を隷属することはないのである。愛情や嫌悪のどちらの絆によっても人はこの地上の義務に縛られることはなくなる。その絆とは、人がうまくそれを断ち切るまでは人を地上界へとこれからも続けて転生させるものなのだ。

自由は、完全無欠性をその最も真なる、そして神聖なる意味において獲得した時に得られるものであり、進化の次の魔術的段階では認識と達成が可能となる。それは、人間が来たるところの聖なる「光」への意図的な回帰なのである。

解説

亀井勝行

「駅は騒々しく、むしろ薄暗く、ニューヨークのグランド・セントラル駅やペンシルヴァニア駅を思わせる大聖堂じみた威厳など、まったく無かった。鉛色に冷たい十月なかばの朝、私はサンラザール駅に、臨港列車を降りた。……見知った顔を求めてプラットホームを見回しながら、私は、赤帽が声高に忙しく積み上げる荷物の山の側に立ち止まっていた。

『汝の意志するところをなせ、それが法のすべてである』

弱く流暢だが不明瞭な――しかしマーシャルの主張するようなロンドン訛りではほとんどない――まさに英国人といった声が聞こえた。……私のすぐ右に、青灰色のツイード地の服にゴルフ用半ズボンの、背の高い重量感のある人物が立った。……初めてアレイスター・クロウリーに会えて確かに嬉しいのに、私は非常にびくびくしていた……」

(『三角形の中の眼』第一章)

一九二五年、クロウリーの「第四の書」を知ったリガルディーは、すでに興味を持っていたヨーガに関する独得の見解をその書物に見て、クロウリーに一通の手紙を出した。一九〇七年の生まれであるから、まだ十七、八であったろうか。これが、イスラエル・リガルディーの魔術的キャリアの、そもそもの発端となるのである。

この後、クロウリーの代理人であるカール・ゲルマーとニューヨークで会うようになった若いリガルディーは、彼を通じて「春秋分点」等に触れ、より一層クロウリーの魔術に傾倒してゆく。そして終《つい》に一九二八年十月、クロウリーの住むパリへと向かうことになる。リガルディーが二十二歳の時である。もっとも、彼の両親は、彼の神秘主義研究やクロウリーの事を良く知らなかったらしく、リガルディーは次のようを告白している。

「私は美術学校に通っていたので、両親には、ただパリに住む英国人の芸術家のもとで絵画を勉強するよう招待された、と話したのである」(『三角形の中の眼』十一頁)

なにはともあれ、こうしてイスラエル・リガルディーの魔術修業が始まる。

＊　＊

一九三一年頃、リガルディーには広汎囲な神秘主義《ミスティシズム》研究を行っている。特にカソリックの聖人、清貧の聖者と呼ばれたアッシジの聖フランシスに興味をそそられ、それに関する文献に浸りきっていた。聖フランシスは十二世紀イタリアの聖人である。彼に関しては、幾つかの逸話が残っている。例えば、聖フランシスが荒れ野で伝導を行うと、四方八方から鳥が集まり合唱を始めたり、あるいは狂暴な狼に話しかけ続けて、終には犬のように柔順にしてしまったという話がある。

この当時、リガルディーは女流詩人のクレア・カメロンという友人を得ていた。彼女は、聖フランシスに興味を示すリガルディーに、彼がその聖人と共通部分を多く持っていることを指摘した。以来、彼は、そのフランシスという名前を愛用している。

さて、この頃、リガルディーは重要かつ主要な著作のうち、二著を世に出している。その一つが本書「柘榴の園」でありもう一つは「生命の樹」である。両者は、クロウリーを通して得られたオリジナル黄金の夜明け団の残光と、数々の先人の著作によって練り上げられた魔術の研究書である。特に前者では魔術的カバラの基本概念と象徴照応の実践的教義を中心に解説し、後者では魔術という実践的秘教哲学の各分野——呪文、祭儀魔術、四大的諸力云々（もちろん各々は独立し得ると同時に複合されてより効果的である）――に関する精力的研究を行っている。これらは既に半世紀もの年月を経てはいるが、いまだ涸れえぬ魔術的知識の宝庫となっている。青年リガルディーの著したこの二作品は、彼の他の作品とともに、現代の研究家や愛好家に多大な恵みを与え続けているのである。

＊　　＊

「生命の樹」の発表は、クロウリーとの訣別となり、これは結果的に、ステラ・マテューティナへの参入をもたらした。また五年後の一九三七年、近代魔術史上、最も貴重な文献となる「黄金の夜明け」全四巻の刊行開始は、ステラ・マテューティナとの訣別の表明ともなった。（この辺りの事情は、魔法大全第一巻『黄金の夜明け』歴史編を参照）この以降三十年近くも、魔術の第一線から身を退くことになるが、六十年代に復活して以来今日まで、再び積極的な活動を行っている。

＊　　＊

ところでリガルディーの著書の数々は、それ自体として非常に価値の高いものであると同時に、彼の旧師アレイスター・クロウリーの莫大な著作物を研究するか、あるいはどのような態度で読めば良いのかということを教えてくれる点で、更に有益である。また、クロウリーの著作を再編集し、世間に紹介する努力を現在も続けている。

主要な著作は以下の通りである。

一　The Tree of Life
二　A Garden of Pomegranates（本書）
三　The Middle Pillar

四　My Rosicrucian Adventure
五　The Art of True Healing
六　The Art and Meaning of Magic
七　Romance of Metaphysics
八　Philosopher's Stone
九　Eye in the Triangle
十　Legend of Aleister Crowley（P. R. Stephensen と共著）
十一　Be yourself, The Art of Relaxation
十二　Twelve Steps To Spiritual Enlightenment
十三　How to Make and Use Talismans
十四　A Practical Guide to Geomantic Divination

リガルディー編集によるものは、おおよそ以下の通りである。

一　The Golden Dawn
二　Gems from the Equinox
三　The Best of Crowley
四　Roll Away the Stone
五　New Wings of Daedalus

他に彼は、クロウリーの著作の再版において、多くの場合、序文を書いている。

＊　＊

さて、本巻の解説として、三つの作品の各々に簡単に触れておこう。本編「柘榴の園」は御覧の通り、魔術的カバラの解説である。リガルディーは本書を一九三二年、わずか二十四、五歳でものにしている。本書の中に見受けられる東洋的な象徴は、おおよその場合H・P・ブラヴァツキーの'*Secret Doctrine*'から得ており、若者らしい熱が感じられる好著である。私達は、如何にして『生命の樹』に新しい象徴もしくは照応物を挿入するか、ということをここに学ぶことができる。

附録として収録した「真の治療の技術」は、本編がむしろ教義的もしくは哲学的側面の研究であるとするならば、これは万人向けの魔法実践講座その一といったところである。中央の柱《ミドル・ピラー》と称される重要な訓練が、魔法の大系の内で知られているが、本論はこれの応用なのである。

附録2の「魔術の技法」では、魔法における技術の一般的概念について述べている。リガルディーは心理学的考察を用いるが、ここにおいてもそれを行っている。いずれ紹介される予定の他の魔法書への、概論的小論もしくは序文となれば幸いである。

＊　＊

ヘブライ語の発音に関して、少々触れておかねばならない。本巻においては、元来「黄金の夜明け」団で用いられていたセファルディック発音に統一しているが、リガルディー自身はアシュケナージ異型を、自身の魔術体系にとって有益としてそれを用いている。

セファルディックはスペイン、ポルトガル、地中海を中心に用いられた方言であり、アシュケナジックはドイツ、ポーランド、ロシア等のユダヤ人に用いられた方言である。

本来、これまでのカバリストはセファルディックを用いてきた。「黄金の夜明け」団のメンバーもそれにならっている。また、これまで日本で紹介された魔術関係書においても同様であるところから、あえて本巻のヘブライ語表記は、セファルディックの表音に従った次第である。

＊　＊

最後に余談ながら、リガルディーは一度手痛い被害を受けたことがある。一九六九年の二月、彼の自宅に何者かが押し入り、貴重な「黄金の夜明け」のレガリアや他の重要な文献等を、ごっそり盗みだされたのである。最近発表された「黄金の夜明けタロット」のオリジナル・セットも、その時盗まれており、現実に発表されたものは、ニューヨーク在住の彼の友人の助けによって実現したものである。実際、言うなれば黄金の夜明け直系の生き証人であるから、当時、相当数の文献等が保存されていたと想像されるが、実に残念な事である。

＊　＊

よく知られているように、「黄金の夜明け」の魔術は、光の魔術である。その大系の最末端に至るまで、光の顕現が強調される。リガルディーは、その著書を通して、私達に光の探究の道を示してくれた。もちろん、これからも、そうしつづけるだろう。彼の語る光が、魔術に興味を持ち、その通廊へと歩み入る者達すべてを照らし、導くであろうことを感謝しつつ、ここにペンを置くことにする。

柘榴《ざくろ》の園《その》

一九八三年六月三十日初版第一刷発行
二〇〇二年二月二十八日新装版第一刷発行
二〇一九年八月二十日新装版第二刷発行

著者――イスラエル・リガルディー
訳者――片山章久
発行者――佐藤今朝夫
発行所――株式会社国書刊行会
東京都板橋区志村一―十三―十五　郵便番号一七四―〇〇五六
電話〇三―五九七〇―七四二一　ファクシミリ〇三―五九七〇―七四二七
URL：https://www.kokusho.co.jp　E-mail：info@kokusho.co.jp
装訂者――NS
印刷所――株式会社エーヴィスシステムズ
製本所――株式会社ブックアート
ISBN978-4-336-04408-2　C0010
落丁・乱丁本はお取り替え致します。

訳者紹介
片山章久（かたやまあきひさ）
中央大学文学部卒。
SF・幻想文学研究家。

現代魔術大系2

魂の旅路　パスワーキングの歴史と技法

ドロレス・アッシュクロフト＝ノーウィッキ／松田和也訳

A5判／三五二頁／四二〇〇円

多くの魔術結社が耽溺している魔術技法〈パスワーキング〉について、その歴史、文化的バックグラウンド、心理学的側面、秘教的理論面、そして実践の具体的な指導までを網羅した類書のない体系的著作。

現代魔術大系3

輝ける小径　パスワーキングの実践

ドロレス・アッシュクロフト＝ノーウィッキ／高橋佳代子訳

A5判／三五二頁／四六〇〇円

魔術結社〈光の侍従〉が魔術の訓練用に作成したパスワーキング・シナリオとその解説。カバラの〈生命の木〉の三十二の小径ひとつひとつに独立したシナリオを当てはめながら、カバラの理論を現実的に体験できる。

現代魔術大系4

カバラ魔術の実践

ウィリアム・ジョージ・グレイ／葛原賢二訳

A5判／四五〇頁／四六六〇円

本書は〈聖盃の血盟〉四部作の一冊であり、多数の魔術関係の出版物を著したグレイの著作のなかでも異色の書。カバラの実践修行を体系的に解説した、西欧魔術の訓練には欠かすことのできないバイブルである。

現代魔術大系6

QBL　カバラの花嫁

フラター・エイカド／松田和也訳

A5判／二一〇頁／三四九五円

クロウリーの愛弟子で、異彩を放つ天才的魔術師エイカドの代表作。ヘブル文字を中心に展開する伝統的なカバラに立脚しながらも、ホルスのアイオーンに終着するエイカドの信仰告白の文書でもある。

税別価格。価格は改定することがあります。

中世絵師たちのタロット

オズヴァルド・ヴィルト／今野喜和人訳

Ａ５判／三七〇頁／四八〇〇円

ガイタの慫慂によりヴィルト自らが制作したタロットの意味を解き明かした歴史的名著の邦訳。序文＝ロジェ・カイヨワ。「タロット教義の源流を辿る貴重な宝の書がついに姿を現した！」（鏡リュウジ氏）

タロットの宇宙

アレハンドロ・ホドロフスキー／マリアンヌ・コスタ／伊泉龍一監修／黒岩卓訳

菊判変型／六八〇頁／六八〇〇円

カルト映画界の鬼才による、半世紀にわたるタロット研究の集大成。基礎的な諸要素に加え、解釈を深めインスピレーションを高める方法、リーディングの実例など、入門者から熟練者まで必携の大全。

四柱推命大鑑

御堂龍児

Ａ５判／四六〇頁／三八〇〇円

陰陽五行説に基づき、人の運命と吉凶を探る中国の占術、四柱推命。古代より信頼度の高い占術として知られるその理論を、現代日本での実用向けに要点を絞り、明解かつ詳細に解説する。

七政四余　最高度の占星術

判田格

Ａ５判／三四六頁／四〇〇〇円

四柱推命や紫微斗数の源流でありながら、その難解さゆえに真伝が途絶え、歴史の暗闇の奥に埋没していた占いの帝王にして幻の運命学が遂に復活。中国原本・張果星宗の占法を解明した待望の真伝実践書。

税別価格。価格は改定することがあります。

ヴェールを脱いだカバラ

S・L・マグレガー・メイザース／判田格訳

A5判／四〇四頁／四二〇〇円

あまたあるオカルト文献の中に、峻厳なる霊峰の如く屹立する超弩級重要文献『光輝の書《ゾハール》』——長らく翻訳不可能と言われてきた、オカルト史上に燦然と輝く不滅の金字塔がついにヴェールを脱ぐ！

魔術　理論と実践

アレイスター・クロウリー／島弘之他訳

A5判／五八〇頁／五七〇〇円

二十世紀最大の魔術師〈獣666〉アレイスター・クロウリーの畢生の大著。〈魔術〉の秘奥の教理と教義を白日のもとに暴き出し、全世界に衝撃を与えた、驚天動地の歴史的名著。オカルティズムのバイブル。

神秘のカバラー

ダイアン・フォーチュン／大沼忠弘訳

四六判／四一六頁／三二五〇円

〈黄金の夜明け〉団で魔術を実践領域で復活させたフォーチュン女史。その研究の精華である本書は「生命の木」を詳しく解明し、実践カバラーのテキストとして多くの入門者に使われてきた古典的名著である。

霊的治療の解明

ハリー・エドワーズ／梅原伸太郎訳

四六判／三四四頁／二八〇〇円

「キリスト以来最大の霊的治療家」、「霊的治療家の最高峰」と讃えられるハリー・エドワーズが、不治の病に侵された患者たちを次々と救ってゆく奇跡の治療の数々についてみずから語った衝撃の記録。

税別価格。価格は改定することがあります。